# NEWSPAPER READINGS

## The U.S.A. in the People's Daily

周質平
**Chih-p'ing Chou**

王學東
**Xuedong Wang**

**Princeton University Press**

# NEWSPAPER READINGS

## The U.S.A. in the People's Daily

人民日報筆下的美國

周質平　　王學東

**Chih-p'ing Chou**　　**Xuedong Wang**

Princeton University Press

Published by Princeton University Press, 41 William Street,

Princeton, New Jersey 08540

In the United Kingdom: Princeton University Press, Chichester, West Sussex

Library of Congress Cataloging-in-Publication Data

Chou, Chih-p'ing, 1947–
      Newspaper readings : the U.S.A. in the People's Daily / Chih-p'ing Chou,
Xuedong Wang = [Jen min jih pao pi hsia ti Mei-kuo / Chou Chih-p'ing, Wang
Hsüeh-tung].
         p.   cm.
      Parallel title and author statement also in Chinese characters.
      Includes index.
      ISBN 0-691-00070-0 (pbk. : alk. paper)
      1. Chinese language—Readers.  2. United States—Social conditions—
1980–.  I. Wang, Hsüeh-tung.  II. Title.
PL1117.C4647    1993

495.1'86421—dc20                      93-20384

The publisher would like to acknowledge the authors of this volume for

providing the camera-ready copy from which this book was printed

Printed in the United States of America

10 9  8 7 6 5 4

(Pbk.)

# 目　　錄

# Preface

*The USA in the People's Daily* is designed to be a newspaper reader for the American student who has completed two years of modern Chinese. The fourteen selections included in the reader reflect how the USA was depicted in *The People's Daily* from 1990 to 1991. Since news quickly becomes outdated, we have selected commentaries and essays rather than news reports.

The fourteen selections are generally critical of, and even hostile to, American society as a whole. They cover four major issues: the education crisis, social injustice, human rights violations, and racial discrimination. The views expressed are not our own, but we believe their controversial nature will be pedagogically useful by provoking discussion and debate among students. In order to balance the views in *The People's Daily*, we have written an epilogue entitled "The USA in *The People's Daily*," in which we raise the question: If the USA is really as corrupt and undesirable as *The People's Daily* depicts it, why are there so many immigrants, including Chinese, who wish to remain in the USA?

Each selection is presented in both traditional and simplified characters, with a copy of the actual newspaper article attached. Each article is accompanied by a cartoon, which can be used as illustration as well as in exercises. Students can be asked to describe the cartoon using the new vocabulary and patterns they have just learned. We have also prepared a vocabulary glossary, sentence patterns annotated in English, and suggested discussion topics with each selection.

In addition to the fourteen glossed selections, we have also selected eight unglossed essays which can be used as supplementary reading materials.

Mr. Fan-shen Wang's calligraphy has greatly enhanced the appearance of this book, and our heart-felt appreciation goes to him. We are grateful to Ms. Claudia Schreib Li, Mr. Ryan O'Connell and Mr. Matthew Roberts who have helped us with the word processing, indexing, and proofreading. Their painstaking efforts were essential to the success of this project.

Chih-p'ing Chou and Xuedong Wang
Princeton University
December 16, 1992

# 序

　　《人民日報筆下的美國》是爲學了兩年現代漢語的學生而編寫的報章讀物。這本教材有兩個特點:

　　1.我們以一九九0年以來《人民日報》對美國社會的報導爲選材的主題,所以針對性比較强。每一個論題都是與美國學生的日常生活有關的事,在討論的時候不至於有隔閡的問題。

　　2.所選的材料在文體上較偏向於短文或時事評論而不是新聞報導,所以比較不容易過時。

　　我們一共選了十四篇短文,並加寫了一篇《人民日報筆下的美國》作爲全書的總結。所選的文章大約可以分爲美國的教育、社會、人權、種族歧視等幾個問題。人民日報對這些問題的歪曲和誇張,我們一概保留,因爲這正是引起美國學生興趣的最好內容。

　　每篇選讀除了保留報紙上的原件外,另以繁簡兩體打字排版,並在文字上作了一定的增刪以利教學。生詞部份的英文注釋我們是以每篇選讀爲一獨立的單元,有些生詞重復出現,所以老師在教課時可以按自己的先後次序進行。除了生詞,我們還編了例句。練習部份我們編了討論題目可以作爲上課時的參考,也可以作爲學生的作業。此外,另有漫畫配合每課課文,並在漫畫下面提出了幾個問題,也可以當作業用。我們還錄制了一套錄音帶作爲輔助材料。除了加注的十四篇短文以外,我們還插入了未經注釋的相關文章八篇,可以用來作爲學生的補充閱讀練習。

　　這本教材,我們曾在普林斯頓大學 ( Princeton University )

和明德大學中文暑期語言學校（The Chinese Summer School, Middlebury College）試用過兩年，也有其他學校採用本書作爲教材。一般反應都很積極熱烈。這樣的報章選讀是一個新的嘗試，我們歡迎大家提出批評。

　　封面的題字是王汎森先生的手筆，爲本書增色不少，我們在此向他深致謝意。肖雲、歐瑞安和饒猛志作了許多打字輸入、校對和索引的工作。沒有他們的協助，這本書是無法在此時完成的。

周質平　王學東

普林斯頓大學

1992.12.16.

PEOPLE'S DAILY

OVERSEAS EDITION

国内代号1—96　国外代号D797　人民日报社出版

北京、香港、东京、旧金山、纽约、巴黎印刷发行

《人民日报》海外版一九九○年二月九日

（一）

## 被抛弃的美国青少年命运悲惨

张启忻

在美国,成千上万未成年的青少年被家庭抛弃而流落街头。他们中间只有一小部分能够进青少年收容所,大部分人四处流浪。二月五日的《纽约时报》刊载了一篇长篇报导,叙述一家收容所里几个青少年的悲惨经历。这些青少年大都是在家里遭到各种虐待,被赶出家门或无法忍受而被迫出走的。美国的社会工作者认为,青少年被家庭抛弃的现象反映出社会的一个侧面——由於吸毒、经济困难、单亲家庭增多,不少美国家庭陷入困境。

不久前,联邦司法部应国会的要求对"失踪"少年儿童做了一次调查,发现全国每年有五十万十八岁以下的青少年或被家庭抛弃或从家里逃跑,成了无家可归者。

一些民间团体的研究报告认为,实际上,被抛弃或得不到父母看管的青少年远远不止政府提供的数字。目前,分散在全国各州的青少年收容所仅有五百所、

《人民日報》海外版一九九〇年二月九日

（一）

## 被拋棄的美國青少年命運悲慘
張啓忻

在美國,成千上萬未成年的青少年被家庭拋棄而流落街頭。他們中間只有一小部分能够進青少年收容所,大部分人四處流浪。二月五日的《紐約時報》刊載了一篇長篇報導,叙述一家收容所裏幾個青少年的悲慘經歷。這些青少年大都是在家裏遭到各種虐待,被趕出家門或無法忍受而被迫出走的。美國的社會工作者認爲,青少年被家庭拋棄的現象反映出社會的一個側面－－由於吸毒、經濟困難、單親家庭增多,不少美國家庭陷入困境。

不久前,聯邦司法部應國會的要求對"失蹤"少年兒童做了一次調查,發現全國每年有五十萬十八歲以下的青少年或被家庭拋棄或從家裏逃跑,成了無家可歸者。

一些民間團體的研究報告認爲,實際上,被拋棄或得不到父母看管的青少年遠遠不止政府提供的數字。目前,分散在全國各州的青少年收容所僅有五百所、四千多床位。

　　美国各个城市每夜有多少青少年露宿街头?各种研究报告的说法不一。国会审计署去年夏天的一份报告估计,每夜大约有六点八万人,而全国无家可归者联盟估计每夜有二十五万青少年露宿街头。

讨论题:

1. 青少年问题是美国特有的还是其他国家也有的问题?
2. 这篇报导把美国的家庭问题说成是美国政府的责任,这种说法你觉得公平吗?

四千多床位。

　　美國各個城市每夜有多少青少年露宿街頭?各種研究報告的説法不一。國會審計署去年夏天的一份報告估計,每夜大約有六點八萬人,而全國無家可歸者聯盟估計每夜有二十五萬青少年露宿街頭。

討論題:

1. 青少年問題是美國特有的還是其他國家也有的問題?
2. 這篇報導把美國的家庭問題説成是美國政府的責任,這種説法你覺得公平嗎?

# 生 詞

| | | | |
|---|---|---|---|
| 抛棄 | 抛弃 | pāoqì | to abandon |
| 青少年 | | qīngshàonián | teenagers |
| 命運 | 命运 | mìngyùn | fate |
| 悲慘 | 悲慘 | bēicǎn | miserable |
| 成千上萬 | 成千上万 | chéngqiānshàngwàn | thousands upon thousands |
| 未成年 | | wèichéngnián | minor (non-adult) |
| 流落 | | liúluò | to wander about |
| 收容所 | | shōuróngsuǒ | collecting post |
| 流浪 | | liúlàng | to roam |
| 紐約時報 | 纽约时报 | Niǔyuēshíbào | The New York Times |
| 刊載 | 刊載 | kānzǎi | to carry (in publication) |
| 報導 | 报导 | bàodǎo | a news report |
| 叙述 | | xùshù | to narrate |
| 經歷 | 经历 | jīnglì | an experience |
| 大都 | | dàdū | for the most part |
| 遭到 | | zāodào | to meet with |
| 虐待 | | nuèdài | to ill-treat |

| 趕出 | 赶出 | gǎnchū | to drive out |
|------|------|--------|--------------|
| 無法忍受 | 无法忍受 | wúfǎrěnshòu | cannot tolerate |
| 被迫 | | bèipò | to be forced to |
| 出走 | | chūzǒu | to run away |
| 社會工作者 | 社会工作者 | shèhuìgōngzuòzhě | social worker |
| 認爲 | 认为 | rènwéi | to think |
| 現象 | 现象 | xiànxiàng | phenomenon |
| 反映 | | fǎnyìng | to reflect |
| 側面 | 侧面 | cèmiàn | a side, (an) aspect |
| 吸毒 | | xīdú | to do drugs |
| 經濟 | 经济 | jīngjì | economy |
| 單親 | 单亲 | dānqīn | single parent |
| 陷入 | | xiànrù | to be stuck in |
| 困境 | | kùnjìng | difficult situation |
| 不久 | | bùjiǔ | not long |
| 聯邦 | 联邦 | liánbāng | federal |
| 司法部 | | sīfǎbù | judicial department |
| 應…要求 | 应…要求 | yìng ... yāoqiú | at the request of |
| 國會 | 国会 | guóhuì | Congress |
| 失蹤 | 失踪 | shīzōng | missing |
| 調查 | 调查 | diàochá | an investigation |

| 逃跑 | | táopǎo | to escape |
|---|---|---|---|
| 無家可歸者 | 无家可归者 | wújiākěguīzhě | homeless person |
| 民間團體 | 民间团体 | mínjiāntuántǐ | non-governmental organizations |
| 研究 | | yánjiū | research |
| 實際上 | 实际上 | shíjìshàng | in fact |
| 看管 | | kānguǎn | to look after |
| 遠遠不止 | 远远不止 | yuǎnyuǎnbùzhǐ | far more than |
| 提供 | | tígōng | to provide |
| 數字 | 数字 | shùzì | number |
| 目前 | | mùqián | at present |
| 分散 | | fēnsàn | to disperse |
| 僅 | 仅 | jǐn | only |
| 床位 | | chuángwèi | bed, bunk, berth |
| 露宿 | | lùsù | to sleep in the open |
| 不一 | | bùyī | vary |
| 審計署 | 审计署 | shěnjìshǔ | audit office |
| 估計 | 估计 | gūjì | to estimate |
| 聯盟 | 联盟 | liánméng | an association |

# 被拋棄的美國青少年命運悲慘

## 詞語例句

1. …而…　　　　　　so; therefore
   * 這些青少年大都是…被趕出家門或無法忍受而被迫出走的。
   1) 他收到大學的錄取通知書以後太激動而不能入睡。

      After he received the acceptance letter from the university, he was so
      excited that he couldn't fall asleep.
   2) 哪個國家都有被家庭拋棄而流落街頭的孩子。

      In every country there are children who are abandoned by their families
      to roam the streets.

2. 由於　　　　　　due to…
   * 由於吸毒、經濟困難、單親家庭增多,不少美國家庭陷入困境。
   1) 由於父親生病,他只好停學,幫助父母賺錢養家。

      Due to his father's illness, he had no choice but to drop out of school and
      help his parents earn money to support the whole family.
   2) 由於無家可歸者越來越多,城市的安全也越來越成問題。

      Due to the increasing numbers of homeless people, the security of the city
      has gradually become a problem.

3. 應…要求　　　to be asked by…
   * 聯邦司法部應國會的要求對"失踪"少年兒童做了一次調查。
   1) 他應大學生的要求,做了一次公開的演講。

At the college students' request he gave an open talk.

2） 聯合國應非洲國家的要求,開了一次大會。

The United Nations held a conference at the request of the African countries.

4. …以上/以下　　　　above; more than/below; fewer than

*　全國每年有五十萬十八歲以下的青少年…,成了無家可歸者。

1） 美國一流大學的學費一年要兩萬以上。

One year's tuition at the best American universities is over 20 thousand dollars.

2） 多半兒的大學生年齡在二十歲以下。

Most college students are under 20 years old.

1. 寫出這幅畫中的孩子們可能會夢見的人和事。

2. 根據你自己的理解給這幅畫寫一個標題。

# 插頁閱讀練習(一)

《人民日報》海外版一九九一年十二月二十一日

聯合國兒童基金會發表報告說

# 美國貧窮兒童人數日增

據新華社聯合國十二月十九日電 據聯合國兒童基金會今天發表的《一九九二年世界兒童狀況報告》，美國貧窮兒童人數自七十年代以來不斷增加，現已達一千二百萬人。

報告指出，在美國這個世界上最富裕的國度，儘管財富與日俱增，兒童的貧窮問題卻日趨嚴重。在六十年代，美國生活在貧困綫下的兒童數目減少了一半，從佔總數的百分之二十七降至百分之十四，而到了七十年代，這個百分比上升至百分之十七，到八十年代又增至百分之二十二；更令人不解的是，八十年代是美國經濟持續發展的時期，在此時期，美國國民總產值增加了近百分之二十五。

人，跟着無業的未婚母親在大城市靠救濟過日子，事實並非如此。美國一千二百萬貧窮兒童中，大多數是白人，而且並不居住在大城市。他們的父母大都只有一兩個孩子，並且父母中至少一方有工作。

報告指出，導致貧窮兒童數目上升的主要原因是政府向有孩子的貧困家庭提供的補助不斷減少，同時，美國非熟練工人的工資持續下降。

在家庭收入下降的同時，政府卻逐步取消了對兒童的補助。例如，對有孩子家庭的補助在過去二十年中實際下降了約百分之四十。

報告說，在談到美國兒童貧窮問題時，人們總以為這些人是黑

人民日报（海外版）

## 被抛棄的美國青少年命運悲慘

本報記者　張啓昕

在美國，成千上萬未成年的青少年被家庭抛棄而流落街頭。他們中間只有一小部分人能夠進青少年收容所安身，大部分人四處流浪。二月五日的《約紐時報》刊載一篇長篇報道，叙述一家收容所裏幾個青少年的悲慘經歷。報道表明，這些青少年大都是在家庭遭到各種虐待，被攆出家門或無法忍受而被迫出走的。美國的社會工作者認爲，青少年被家庭抛棄現象反映出社會的一個側面——由於吸毒、經濟拮据、單親家庭增多，不少美國家庭陷入混亂。

不久前，聯邦司法部應國會的要求對"失踪"少年兒童作了一次調查，發現全國每年累計有五十萬十八歲以下的青少年或被家庭抛棄或從家裏逃跑，加入"無家可歸者"的行列。

一些民間團體的研究報告認爲，實際上，被抛棄或得不到父母看管的青少年遠遠不止政府提供的數字。目前，分散在全國各州的青少年收容所僅有五百所、四千多牀位，由於數量有限，大批投奔收容所的青少年被拒之門外。

美國各個城市每夜有多少青少年露宿街頭？各種研究報告的說法不一。國會審計署去年夏天的一份報告估計，每夜大約有六點八萬人，而全國無家可歸者聯盟估計每夜有二十五萬青少年露宿街頭。

該聯盟的一位副顧問伊文斯說，儘管數字不同，問題畢竟十分嚴重。

（本報華盛頓二月六日電）

《人民日报》海外版一九九〇年十一月十六日

## （二）
## 美国童工苦难多
罗杰

今日美国一些行业雇佣童工的现象相当普遍。例如纽约的服装行业、加利福尼亚的快餐馆、艾奥瓦的农场、马里兰的糖果推销,都雇佣了大量的童工。这些童工的年龄一般都只有十几岁,相当大一部分是非法移民的子女和家庭陷入困境的下层人家的小孩。

在美国,当局是允许十四岁至十六岁的少年儿童出来打工的,不过明文规定每天打工不可以超过三小时,一周总共不得超过十八小时,工作时间不可以超过晚上七时。可是一些服务行业,如意大利馅饼店、超级市场、电影院等却公然违反这些规定。美国劳工部最近对全国三千多个有滥用童工嫌疑的服装工厂、餐馆、超级市场和其他行业进行调查,结果发现有七千多个少年儿童被非法雇佣,这些企业单位被依法罚款共一百八十多万美元。

这项调查还发现,童工普遍上班时间长,劳动量大,工作环境差,而他们每小时的报酬只有二点五到三点

《人民日報》海外版一九九〇年十一月十六日

# （二）
## 美國童工苦難多
羅傑

今日美國一些行業僱傭童工的現象相當普遍。例如紐約的服裝行業、加利福尼亞的快餐館、艾奧瓦的農場、馬里蘭的糖果推銷,都僱傭了大量的童工。這些童工的年齡一般都只有十幾歲,相當大一部分是非法移民的子女和家庭陷入困境的下層人家的小孩。

在美國,當局是允許十四歲至十六歲的少年兒童出來打工的,不過明文規定每天打工不可以超過三小時,一週總共不得超過十八小時,工作時間不可以超過晚上七時。可是一些服務行業,如意大利餡餅店、超級市場、電影院等却公然違反這些規定。美國勞工部最近對全國三千多個有濫用童工嫌疑的服裝工廠、餐館、超級市場和其他行業進行調查,結果發現有七千多個少年兒童被非法僱傭,這些企業單位被依法罰款共一百八十多萬美元。

這項調查還發現,童工普遍上班時間長,勞動量大,工作環境差,而他們每小時的報酬只有二點五到三點五美元,按美国的物价指数衡量是属於最低收入。同时,童工们从事危险工作的现象也非常普遍。

一个名叫加维的十三岁小孩就在操作烘干机时,被轧断了一条腿。而另一个名叫鲍特罗斯的十五岁男孩被雇去驾驶汽车,结果出了车祸,白白丢了一条命。

讨论题:

1. "雇佣童工"反映了什么社会问题?

2. 你小时候打过工吗?你有被"剥削"（exploited）的感觉吗?

3. 在美国,童工做工时间过长是自愿的还是被迫的?

五美元,按美國的物價指數衡量是屬於最低收入。同時,童工們從事危險工作的現象也非常普遍。

　　一個名叫加維的十三歲小孩就在操作烘乾機時,被軋斷了一條腿。而另一個名叫鮑特羅斯的十五歲男孩被僱去駕駛汽車,結果出了車禍,白白丟了一條命。

討論題:

1. "僱傭童工" 反映了甚麼社會問題?

2. 你小時候打過工嗎? 你有被 "剝削" ( exploited ) 的感覺嗎?

3. 在美國,童工做工時間過長是自願的還是被迫的?

# 生詞

| | | | |
|---|---|---|---|
| 童工 | | tónggōng | child laborer |
| 苦難 | 苦难 | kǔnàn | suffering; pain |
| 行業 | 行业 | hángyè | profession |
| 僱傭 | 雇佣 | gùyōng | to employ; to hire |
| 現象 | 现象 | xiànxiàng | phenomenon |
| 相當 | 相当 | xiāngdāng | fairly, rather |
| 普遍 | | pǔbiàn | common; usual |
| 例如 | | lìrú | such as; for example |
| 紐約 | 纽约 | Niǔyuē | New York |
| 服裝 | | fúzhuāng | clothing; clothes |
| 加利福尼亞 | 加利福尼亚 | Jiālìfúníyà | California |
| 快餐館 | 快餐馆 | kuàicānguǎn | snack bar; fast food restaurant |
| 艾奧瓦 | | Aìàowǎ | Iowa |
| 農場 | 农场 | nóngchǎng | farm |
| 馬里蘭 | 马里兰 | Mǎlǐlán | Maryland |
| 糖果 | | tángguǒ | candy; sweets |
| 推銷 | 推销 | tuīxiāo | to sell; to market |
| 大量 | | dàliàng | a great number |

| | | | |
|---|---|---|---|
| 年齡 | 年龄 | niánlíng | age |
| 一般 | | yìbān | generally |
| 非法 | | fēifǎ | illegal; unlawful |
| 移民 | | yímín | immigrant |
| 子女 | | zǐnǚ | children; sons and daughters |
| 陷入 | | xiànrù | to land in; to fall into (a negative situation) |
| 困境 | | kùnjìng | a predicament; an awkward situation |
| 下層 | 下层 | xiàcéng | lower level; lower social stratum |
| 當局 | 当局 | dāngjú | government; the authorities |
| 允許 | 允许 | yǔnxǔ | to permit; to allow |
| 至 | | zhì | to |
| 少年兒童 | 少年儿童 | shàoniánértóng | juvenile; teenager |
| 打工 | | dǎgōng | to work casually; to do odd jobs |
| 明文 | | míngwén | (laws or regulations) proclaimed in writing |
| 規定 | 规定 | guīdìng | to stipulate |
| 超過 | 超过 | chāoguò | to exceed |

| | | | |
|---|---|---|---|
| 不得 | | bùdé | must not; not be allowed |
| 總共 | 总共 | zǒnggòng | accumulative total |
| 服務 | 服务 | fúwù | service |
| 餡餅 | 馅饼 | xiànbǐng | pie; pizza (here) |
| 超級市場 | 超级市场 | chāojíshìchǎng | supermarket |
| 等 | | děng | etc. |
| 公然 | | gōngrán | openly; publicly (derogatory use) |
| 達反 | 违反 | wéifǎn | to violate; to run counter to |
| 勞工部 | 劳工部 | láogōngbù | Department of Labor |
| 濫用 | 滥用 | lànyòng | to abuse; to use indiscriminately |
| 嫌疑 | | xiányí | suspicion |
| 工廠 | 工厂 | gōngchǎng | factory |
| 其他 | | qítā | other |
| 進行 | 进行 | jìnxíng | to carry out; to conduct |
| 調查 | 调查 | diàochá | to investigate; an investigation |
| 結果 | 结果 | jiéguǒ | as a result |
| 發現 | 发现 | fāxiàn | to find out |
| 企業 | 企业 | qǐyè | business |

| | | | |
|---|---|---|---|
| 單位 | 单位 | dānwèi | unit |
| 依法 | | yīfǎ | according to law |
| 罰款 | 罚款 | fákuǎn | to impose a fine or penalty |
| 項 | 项 | xiàng | AN for itemized things |
| 勞動量 | 劳动量 | láodòngliàng | quantity of labor |
| 環境 | 环境 | huánjìng | condition; environment |
| 差 | | chà | poor; not up to standard |
| 報酬 | 报酬 | bàochóu | pay; reward |
| 按 | | àn | according to |
| 物價指數 | 物价指数 | wùjiàzhǐshù | price index |
| 衡量 | | héng liáng | to judge; to measure |
| 屬於 | 属于 | shǔyú | to be; to be sorted out to |
| 收入 | | shōurù | income |
| 同時 | 同时 | tóngshí | at the same time |
| 從事 | 从事 | cóngshì | to be engaged in; to do |
| 危險 | 危险 | wēixiǎn | dangerous |
| 加維 | 加维 | Jiāwéi | personal name |
| 操作 | | cāozuò | to operate |

| | | | |
|---|---|---|---|
| 烘乾機 | 烘干机 | hōnggānjī | dryer |
| 軋斷 | 轧断 | yàduàn | to break by running over |
| 鮑特羅斯 | 鲍特罗斯 | Bàotèluósī | personal name |
| 駕駛 | 驾驶 | jiàshǐ | to drive ( a vehicle) |
| 車禍 | 车祸 | chēhuò | car accident |
| 白白 | | báibái | in vain; for nothing |
| 丟 | | diū | to lose |
| 命 | | mìng | life |

# 美國童工苦難多

## 詞語例句

1. 例如　　　　　　　for example;　such as
   * 僱傭童工的現象相當普遍,例如紐約的…、加利福尼亞的…
   1 ) 中國政府制定了許多新政策,例如個體户政策、一家一個孩子的政策、經濟特區政策等等。

      The Chinese government has formulated many new policies, such as policies on self-employment, the one-family-one-child policy and policies for special economic zones,etc.

   2 ) 美國一些大城市的犯罪現象很普遍,例如吸毒,搶劫,強奸,偷竊,幾乎每天都有。

      In some cities in America, crime is rather common; drug use, robbery, rape, and theft occur almost every day.

2. 不得　　　　must not;　not allowed to（only used in literary Chinese, such as in clauses of decree or signs shown in public areas.）
   * 打工…一週總共不得超過十八小時。
   1 ) 大學生每週打工不得超過十五小時。（as a regulation）

      University students must not work more than fifteen hours per week.

   2 ) 非本室工作人員不得入內!（shown on an office door）

      Those who do not work in this office may not enter!

      （Employees only！）

3. 對…進行＋ Verbal Noun（disyllabic）　　to conduct（a serious activity）
   * 勞工部最近對全國三千多個…行業進行調查。

1） 這所學校用各種方式對學生進行教育。

This school uses various methods to educate the students.

2） 兩國領導對一些雙方都關心的重大問題進行了討論。

The leaders of the two countries discussed some important issues that involved both countries.

4. 按… = （按）照…　　　　　　　according to…

\* 按美國的物價指數衡量是屬於最低收入。

1） 按政府的規定,僱傭童工是非法的。

According to government regulations, child labor is illegal.

2） 按計劃,他們明天就能到達。

According to their plan, they will arrive tomorrow.

5. 白（白）　　　　　　　for nothing;　in vain

\* …出了車禍,白白丟了一條命。

1） 他白白工作了一個禮拜,結果一分錢都沒拿到。

He worked a whole week for nothing.　He didn't even get one penny.

2） 他念了兩年中文,現在甚麼都不會説,真是白念了。

He studied two years of Chinese but now doesn't speak any Chinese.

His two years studying Chinese were in vain.

1. 寫出畫中的人所說的話。

2. 根據你自己的理解給這幅畫寫一個標題。

# 插頁閱讀練習 (二)

《人民日報》海外版一九九一年十二月二十四日

## 從美一家餐館違反童工法說起

**本報記者　張亮**

　　美國勞工部日前宣佈，內布拉斯加州一家餐館連鎖店被判定違反童工法，並建議罰款六點四萬美元。《華盛頓郵報》等幾家大報對這一案件均作了詳細報道。

　　其實，在今日美國，非法僱備童工和違反童工法的事例屢見不鮮，而上述案件之所以引起輿論界的注意，可能與店主的身份有關。這家餐館連鎖店名叫"祖母股份有限公司"，擁有大約九百名僱員。正在參加競選民主黨總統候選人提名的現任聯邦參議員羅伯特·克里，既是公司的董事長，也是最大的股東之一。他掌握着百分之三十五的股份，價值一百多萬美元。據克里的新聞秘書說，克里一九八二年當選為內布拉斯加州州長之後，就不大參與公司的經營管理了，但是，該公司每年仍付給他五千美元酬金。

　　經調查，勞工部認定該餐館連鎖店有一百一十六項違反童工法的行為，其中主要是違反了童工法所規定的工時限制。

　　此外，它還讓四名童工操作電動切肉機，甚至讓一名十五歲的兒童當廚師。這些都為童工法所禁止。

　　在過去一年多時間裏，勞工部對內布拉斯加、堪薩斯、衣阿華和密蘇里等州的一些公司進行了調查，發現大量違反童工法的行為，並建議對其它有關公司處以十一點六萬美元罰款。就全國範圍來說，一九八九年美國有三千二百七十一家公司違反童工法，一九九〇年猛增到五千八百八十九家。罰款從一九九〇年度的五百一十萬美元增加到一九九一年度的八百三十萬美元。這只是抽樣調查結果。美國究竟有多少非法童工，恐怕是難以作出準確統計的。

（本報華盛頓十二月十八日電）

人民日報（海外版）

# 美國童工苦難多

羅傑

今日美國一些行業僱傭童工的現象相當普遍。諸如紐約的服裝行業，加利福尼亞的快餐館，艾奧瓦的農場，馬里蘭的糖果推銷，都僱傭了大量的童工。這些童工的年齡一般都只有十來歲，相當大一部分是非法移民的子女和家庭陷入困境的下層人家的小孩。

在美國，當局是允許十四歲至十六歲的少年兒童出來打工的，不過明文規定每天打工不得超過三小時，一週累計不得超過十八小時，工作時間不得超過晚上七時。可是一些服務行業，如意大利餡餅店、超級市場、電影院等卻公然違反這些規定。美國勞工部最近對全國三千多個被懷疑濫用童工的服裝車間、餐館、超級市場和其它行業進行調查，結果發現有七千多少年兒童被非法僱傭，這些企業單位被依法罰款共一百八十多萬美元。

這項調查還發現，童工普遍上班時間長，勞動強度大，工作環境差，而他們每小時的報酬僅為二點五至三點五美元，按美國的物價指數衡量屬最低收入。與此同時，童工們從事危險工作的現象也非常普遍。

一個名叫加維的十三歲小孩就在操縱烘乾機時，被軋斷了一條腿。而另一個名叫鮑特羅斯的十五歲男孩被僱去駕駛汽車，結果出了車禍，白白丟掉了一條命。

《人民日报》海外版一九九〇年十月三十日

## （三）
## 美国广告"入侵"中小学
### 唐若水

迪克是美国佛罗里达州一个十一岁的小学生,今年七月他一共收到了七家公司寄来的广告十二份,而他班上有个同学甚至在一个月里就收到了二十一份! 这个现象说明: 美国商业广告正在侵入中小学校。一些通过电缆直接向中小学校播映的电视节目中也开始出现商业广告。不少儿童报刊上也印满了花花绿绿的广告,内容从吃的、穿的,到玩的、用的,几乎是无所不包,甚至孩子们的练习本、文具盒、包书纸上,也常常挤满了广告! 连一些儿童影片也不能例外。广告商知道,儿童看电影比成人要多两倍,因此电影院就成了他们做广告最理想的地方。

美国一个民间组织"消费者联盟"在对全国中小学校做了调查以后指出,中小学生对商品的辨别能力很差,还不会区别"需要与欲望"、"价格与价值"之间的不同,因此容易上当受骗。

教育界的人警告说,过多的广告把孩子们的"求

《人民日報》海外版一九九〇年十月三十日

## （三）
## 美國廣告"入侵"中小學
唐若水

迪克是美國佛羅里達州一個十一歲的小學生,今年七月他一共收到了七家公司寄來的廣告十二份,而他班上有個同學甚至在一個月裏就收到了二十一份!這個現象說明: 美國商業廣告正在侵入中小學校。一些通過電纜直接向中小學校播映的電視節目中也開始出現商業廣告。不少兒童報刊上也印滿了花花綠綠的廣告,內容從吃的、穿的,到玩的、用的,幾乎是無所不包,甚至孩子們的練習本、文具盒、包書紙上,也常常擠滿了廣告! 連一些兒童影片也不能例外。廣告商知道,兒童看電影比成人要多兩倍,因此電影院就成了他們做廣告最理想的地方。

美國一個民間組織"消費者聯盟"在對全國中小學校做了調查以後指出,中小學生對商品的辨別能力很差,還不會區別"需要與欲望"、"價格與價值"之間的不同,因此容易上當受騙。

教育界的人警告說,過多的廣告把孩子們的"求知欲"变成了"求物欲",引导他们"贪图享受"而"不求上进"。同时教室里到处都可以看见的广告图案也扰乱了教学秩序,使孩子们不能专心地学习。

家长们对这个情形也有意见。洛杉矶一位家长说,他的十四岁的儿子在看了一个球星推销一种高级运动鞋的广告以后,就一定要家里给他买一双,但是这种鞋一双要一百多块美元,家长舍不得花这笔钱,于是孩子就整天跟家长闹别扭。许多美国人都觉得这是个严重的问题,他们要求政府立法,禁止广告进入中小学,就像电视上不能做香烟广告一样。

讨论题:

1. 广告是商业社会里免不了的现象,为什么中小学生就不能看广告呢?

2. 中小学生看广告有没有好处?

3. 你觉得广告太多是一个社会问题吗?

4. 广告跟言论自由有没有关系?

5. 如果政治宣传也是一种广告,中国政府的广告进不进入中小学?

知欲"變成了"求物欲",引導他們"貪圖享受"而"不求上進"。同時教室裏到處都可以看見的廣告圖案也擾亂了教學秩序,使孩子們不能專心地學習。

家長們對這個情形也有意見。洛杉磯一位家長說,他的十四歲的兒子在看了一個球星推銷一種高級運動鞋的廣告以後,就一定要家裏給他買一雙,但是這種鞋一雙要一百多塊美元,家長捨不得花這筆錢,於是孩子就整天跟家長鬧彆扭。許多美國人都覺得這是個嚴重的問題,他們要求政府立法,禁止廣告進入中小學,就像電視上不能做香烟廣告一樣。


討論題:

1. 廣告是商業社會裏免不了的現象,爲甚麽中小學生就不能看廣告呢?

2. 中小學生看廣告有没有好處?

3. 你覺得廣告太多是一個社會問題嗎?

4. 廣告跟言論自由有没有關係?

5. 如果政治宣傳也是一種廣告,中國政府的廣告進不進入中小學?

# 生詞

| | | | |
|---|---|---|---|
| 廣告 | 广告 | guǎnggào | an advertisement |
| 入侵 | | rùqīn | to intrude |
| 迪克 | | Díkè | Dick |
| 佛羅里達 | 佛罗里达 | Fóluólǐdá | Florida |
| 公司 | | gōngsī | company |
| 份 | | fèn | AN for documents, newspapers |
| 甚至 | | shènzhì | so much so that; even |
| 現象 | 现象 | xiànxiàng | phenomenon |
| 商業 | 商业 | shāngyè | commercial |
| 侵入 | | qīnrù | to intrude |
| 通過 | 通过 | tōngguò | through, by |
| 電纜 | 电缆 | diànlǎn | cable |
| 直接 | | zhíjiē | directly |
| 向 | | xiàng | to; towards |
| 播映 | | bōyìng | to broadcast |
| 節目 | 节目 | jiémù | program |
| 兒童 | 儿童 | értóng | children |

| | | | |
|---|---|---|---|
| 報刊 | 报刊 | bàokān | newspapers and periodicals |
| 印 | | yìn | to print |
| 滿 | | mǎn | full of |
| 花花綠綠 | 花花绿绿 | huāhuālǜlǜ | colorful |
| 內容 | | nèiróng | contents |
| 幾乎 | 几乎 | jīhū | almost |
| 無所不包 | 无所不包 | wúsuǒbùbāo | all-encompassing |
| 練習本 | 练习本 | liànxíběn | exercise book; workbook |
| 文具盒 | | wénjùhé | pencil box |
| 包書紙 | 包书纸 | bāoshūzhǐ | book wrapping paper; book covers |
| 擠滿 | 挤满 | jǐmǎn | to be filled to capacity |
| 影片 | | yǐngpiān | movie |
| 例外 | | lìwài | exception |
| 廣告商 | 广告商 | guǎnggàoshāng | advertiser |
| 成人 | | chéngrén | adult |
| -倍 | | -bèi | (number)-fold; times |
| 因此 | | yīncǐ | thus, therefore |
| 成 | | chéng | to become |
| 理想 | | lǐxiǎng | ideal |

| | | | |
|---|---|---|---|
| 民間 | 民间 | mínjiān | nongovernmental |
| 組織 | 组织 | zǔzhī | organization |
| 消費者 | 消费者 | xiāofèizhě | consumer |
| 聯盟 | 联盟 | liánméng | union |
| 調查 | 调查 | diàochá | investigation |
| 指出 | | zhǐchū | to point out |
| 商品 | | shāngpǐn | commodity; goods |
| 辨別 | | biànbié | to differentiate |
| 差 | | chà | not up to standard |
| 區別 | 区别 | qūbié | to distinguish |
| 需要 | | xūyào | needs |
| 欲望 | | yùwàng | desire |
| 價格 | 价格 | jiàgé | price |
| 價值 | 价值 | jiàzhí | value |
| 上當受騙 | 上当受骗 | shàngdàng shòupiàn | to be fooled and deceived |
| -界 | | jiè | division; circle |
| 警告 | | jǐnggào | to warn |
| 求知欲 | | qiúzhīyù | thirst for knowledge |
| 求物欲 | | qiúwùyù | craving for materials |
| 引導 | 引导 | yǐndǎo | to lead; to guide |

| | | | |
|---|---|---|---|
| 貪圖 | 贪图 | tāntú | to seek greedily |
| 享受 | | xiǎngshòu | pleasure and comfort |
| 求 | | qiú | to seek; to try |
| 上進 | 上进 | shàngjìn | (making) progress |
| 同時 | 同时 | tóngshí | at the same time |
| 圖案 | 图案 | túàn | design; pattern |
| 擾亂 | 扰乱 | rǎoluàn | to harass; to disturb |
| 秩序 | | zhìxù | order |
| 專心 | 专心 | zhuānxīn | to concentrate one's attention on |
| 家長 | 家长 | jiāzhǎng | the parent or guardian of a child |
| 洛杉磯 | 落杉矶 | Luòshānjī | Los Angeles |
| 球星 | | qiúxīng | star of a ball game |
| 推銷 | 推销 | tuīxiāo | to promote sales |
| 高級 | 高级 | gāojí | high-quality |
| 運動鞋 | 运动鞋 | yùndòngxié | sneakers |
| 捨不得 | 舍不得 | shěbudé | to begrudge; to be reluctant to |
| 筆 | 笔 | bǐ | AN for a sum of money |
| 於是 | 于是 | yúshì | consequently |

| 整天 | | zhéngtiān | 一天到晚 all the time |
| 鬧彆扭 | 闹别扭 | nàobièniŭ | to be at odds |
| 嚴重 | 严重 | yánzhòng | serious |
| 政府 | | zhèngfŭ | government |
| 立法 | | lìfă | to legislate |
| 禁止 | | jìnzhĭ | to prohibit |
| 進入 | 进入 | jìnrù | to enter |
| 香烟 | 香烟 | xiāngyān | cigarette |

# 美國廣告"入侵"中小學

## 詞語例句

1. 甚至… （都/也/還）　　even
   * 他班上有個同學甚至在一個月裏就收到了二十一份。
   1）紐約的街上很不安全,甚至白天也有人搶劫。

      The streets of New York are very dangerous; there are robberies even during the day.
   2）他甚麼人都不想見,甚至不想見他的家人。

      He doesn't want to see anyone, not even his family members.

2. 通過…　　　　　　through…;　by way of…
   * 一些通過電纜直接向中小學校播映的電視節目中也開始出現商業廣告。
   1）這些問題通過討論都是可以解決的。

      These problems can all be solved through discussion.
   2）政府通過電影、電視、報刊、雜志、甚至廣告來宣傳自己的政策。

      The government publicizes its policies through movies, T.V., newspapers, magazines and even advertisements.

3. 無所不 + Verb　　　　omni-
   * 不少兒童報刊上也印滿了花花綠綠的廣告,內容從吃的、穿的、到玩的、用的,真是無所不包。

1） 世界上沒有無所不知的人。

There is no person in the world who knows everything.

2） 電視廣告無所不有。

There's nothing you won't see in a T.V. advertisement.

4. 連…也/都…　　　　　　even

\* 連一些兒童影片也不能例外。

1） 他是研究中國文學的,可是他連魯迅都沒聽説過。

He studies Chinese literature but he hasn't even heard of Lu Xun.

2） 連説話的自由也沒有,還談什麼民主?

There isn't even freedom of speech, how can there be democracy?

5. A 比 B （要） SV. Num. 倍　　A is Num. times more/less than B

\* 兒童看電影比成人要多兩倍。

1） 每年到這兒來旅游的人比這兒的居民要多五倍。

Every year, the number of people who come here to vacation is five times more than those who live here.

2） 這家商店的東西比超級市場的要貴好幾倍。

Things in this store are quite a few times more expensive than those in supermarkets.

6. A 和/跟/與 B 之間　　　　　between A and B

\* 中小學生還不會區別"需要與欲望"、"價格與價值"之間的不同。

1） 我打算在聖誕節跟新年之間到南方去一趟。

I plan to make a trip to the south between Christmas and New Year's.

2） 政府與老百姓之間的矛盾要及時解決。

Contradictions between the government and the people should be resolved promptly.

7. 上當　　　　be fooled;　be taken in

　　上…的當　　be fooled or be taken in by…

　　* …, 因此容易上當受騙。

　　1） 多半兒的廣告都會讓你上當。

　　　Most advertisements will get the best of you.

　　2） 真沒想到,你這個大人却上了小孩子的當。

　　　I never expected that you, a grown person, would be fooled by a small child.

　　3） 不買他的東西就不會上他的當了。

　　　If you don't buy his things, you will not be ripped off ( by him ).

8. 對…有意見　　to have complaints about…;　to object to…

　　* 家長們對這個情形也有意見。

　　1） 對商業廣告進入中、小學有意見的人越來越多。

　　　There are more and more people who have complaints about the intrusion of commercial advertisements into high schools and primary schools.

　　2） 學生對張老師講課有很大的意見,可是誰也不敢說。

　　　Students have a lot of complaints about Professor Zhang's lectures, but nobody dares to put them forward.

1. 寫出畫中各篇廣告所推銷商品的名稱以及廣告商所用的廣告語言。

2. 給這幅畫寫一個標題。

人民日报（海外版）

## 美國廣告"入侵"中小學

### 廣若水

迪克是美國佛羅里達州一名十一歲的小學生，今年七月他共收到七家公司寄來的廣告十二份，而他班上有個同學甚至在這一個月中收到了二十一份！人們驚呼，美國商業廣告正大舉向中小學校"進軍"。一些通過電纜直接向中小學校播映的電視節目中也開始穿插商業廣告。不少通過學校發行的兒童報刊上也印滿了花花綠綠的廣告，內容從吃的、穿的，到玩的、用的，幾乎無所不包，甚至孩子們的練習簿、文具盒、包書紙上，也常常擠滿了廣告！

連一些兒童影片也不能幸免於難。廣告商們深知，兒童看電影比成人要多兩倍，因而電影院無疑便成為他們施展"才華"的"理想天地"。而有的公司索性"赤膊上陣"，派出推銷員"深入"中小學校推銷各自的產品……

美國一個民間組織消費者聯盟在對全國中小學校作了調查後不無憂慮地指出，中小學生對商品辨別能力差，還不會區別"需要與慾望、價格與價值"之間的不同，因而容易上當受騙。

教育界的有識之士警告說，"鋪天蓋地"的廣告把孩子們的"求知慾"變成了"求物慾"，引導他們"貪圖享受"而"不求上進"。同時在教室裏"隨處可見"的廣告圖案也擾亂了教學秩序，使孩子們不能專心致志地學習。

家長們對此也嘖有煩言。洛杉磯一位家長透露，他的一個十四歲的兒子在看了他所崇拜的一名球星推銷一種高級運動鞋的廣告後，便硬要家裏給他買一雙，但這種鞋一雙價值一百餘美元，家長捨不得花這筆錢，於是孩子便成天和家長鬧彆扭。美國各界人士無不感到憂心忡忡，他們要求政府立法，禁止廣告進入中小學，就像電視上不能做香煙廣告一樣。

《人民日报》海外版一九九一年十月九日

# （四）
## 美国学生携枪上学
## 校园内外犯罪激增

**新华社北京十月八日电** 据《中国青年报》报导,近年来,美国携枪上学的中、小学生有增无减,其中又以纽约的学生为最多。仅在一九九○年,从纽约中、小学生中没收的各类武器就达两千件之多。

报导说,学生手中武器的增多,导致校园内外犯罪事件激增。一些学生仅仅是为了抢夺别的学生身上的首饰或是由于对方拜访了自己的女朋友就开枪杀人。据不完全统计,一九九○年仅纽约一市,学生犯罪率就比前一年增加了百分之十一,其中十五名学生被同学枪杀,一千五百名学生遭到同学殴打,二百一十五名学生被同学持枪抢劫,一百一十七名学生受到性攻击,二百一十四名学生吸毒。此外,还有五十六名教师因管教品行不端的学生而被毒打。

为对付日益严重的校园暴力问题,美国学校正在采取措施,如: 在每个学校门口安装金属探测器,以阻止学生将凶器带入学校。成立治安警卫队,在校园内巡

《人民日報》海外版一九九一年十月九日

## （四）
## 美國學生携槍上學
## 校園内外犯罪激增

**新華社北京十月八日電**　據《中國青年報》報導,近年來,美國携槍上學的中、小學生有增無減,其中又以紐約的學生爲最多。僅在一九九〇年,從紐約中、小學生中没收的各類武器就達兩千件之多。

報導說,學生手中武器的增多,導致校園内外犯罪事件激增。一些學生僅僅是爲了搶奪别的學生身上的首飾或是由於對方拜訪了自己的女朋友就開槍殺人。據不完全統計,一九九〇年僅紐約一市,學生犯罪率就比前一年增加了百分之十一,其中十五名學生被同學槍殺,一千五百名學生遭到同學毆打,二百一十五名學生被同學持槍搶劫,一百一十七名學生受到性攻擊,二百一十四名學生吸毒。此外,還有五十六名教師因管教品行不端的學生而被毒打。

爲對付日益嚴重的校園暴力問題,美國學校正在採取措施,如: 在每個學校門口安裝金屬探測器,以阻止學生將凶器帶入學校。成立治安警衛隊,在校園内巡逻。这些警卫仅在纽约一市就有两千四百五十人。设立警察联络处,及时处理暴力事件。严厉惩罚携枪学生,一经查出,轻则警告,重则开除。

然而,美国中、小学生携枪有着复杂的社会背景。据美国参议院司法委员会最近的报告,一九九〇年,美国凶杀、强奸、抢劫案达到创记录的一千八百万起,其中被谋杀者为两万三千人,成为西方犯罪最严重的国家。在这种社会大背景下,美国学校采取的措施显然是解决不了问题的。

讨论题:

1. 枪枝私有是不是引起犯罪的主要原因?
2. 政府应不应该控制枪枝买卖?
3. 校园内最大的安全问题是什么?
4. 私人持有枪枝跟保护人民到底有没有关系?

邏。這些警衛僅在紐約一市就有兩千四百五十人。設立警察聯絡處,及時處理暴力事件。嚴厲懲罰携槍學生,一經查出,輕則警告,重則開除。

然而,美國中、小學生携槍有着複雜的社會背景。據美國參議院司法委員會最近的報告,一九九〇年,美國凶殺、强姦、搶劫案達到創記錄的一千八百萬起,其中被謀殺者爲兩萬三千人,成爲西方犯罪最嚴重的國家。在這種社會大背景下,美國學校採取的措施顯然是解決不了問題的。

討論題:

1. 槍枝私有是不是引起犯罪的主要原因?

2. 政府應不應該控制槍枝買賣?

3. 校園內最大的安全問題是甚麼?

4. 私人持有槍枝跟保護人民到底有沒有關係?

# 生 詞

| | | | |
|---|---|---|---|
| 携槍 | 携枪 | xiéqiāng | to carry guns |
| 犯罪 | | fànzuì | crime |
| 激增 | | jīzēng | to increase sharply, soar |
| 新華社 | 新华社 | Xīnhuáshè | The China News Agency |
| 電 | 电 | diàn | telex |
| 據 | 据 | jù | according to |
| 報導 | 报导 | bàodǎo | to report |
| 近年 | | jìnnián | recent years |
| 有增無減 | 有增无减 | yǒuzēngwújiǎn | increasing |
| 其中 | | qízhōng | among which |
| 沒收 | | mòshōu | to confiscate |
| 武器 | | wǔqì | arms |
| 達⋯之多 | 达⋯之多 | dá … zhīduō | as many as … |
| 增多 | | zēngduō | increase |
| 導致 | 导致 | dǎozhì | to cause, to result in |
| 事件 | | shìjiàn | an event; incident |

| | | | |
|---|---|---|---|
| 僅僅 | 仅仅 | jǐnjǐn | only |
| 搶奪 | 抢夺 | qiǎngduó | to rob, to snatch |
| 首飾 | 首饰 | shǒushi | jewelry |
| 由於 | 由于 | yóuyú | because |
| 對方 | 对方 | duìfāng | the other party |
| 拜訪 | 拜访 | bàifǎng | to visit |
| 開槍 | 开枪 | kāiqiāng | to shoot |
| 統計 | 统计 | tǒngjì | statistics |
| 犯罪率 | | fànzuìlǜ | crime rate |
| 槍殺 | 枪杀 | qiāngshā | to shoot dead |
| 遭到 | | zāodào | to meet with |
| 毆打 | 殴打 | ōudǎ | to beat up |
| 持槍 | 持枪 | chíqiāng | to carry guns |
| 搶劫 | 抢劫 | qiǎngjié | to rob |
| 性攻擊 | 性攻击 | xìnggōngjī | sexual attack |
| 吸毒 | | xīdú | drug taking |
| 此外 | | cǐwài | in addition, besides |
| 管教 | | guǎnjiào | to subject sb. to discipline |
| 品行不端 | | pǐnxíngbùduān | ill-behaved |
| 毒打 | | dúdǎ | to beat up cruelly |

| | | | |
|---|---|---|---|
| 對付 | 对付 | duìfù | to deal with |
| 日益 | | rìyì | increasingly;day by day |
| 嚴重 | 严重 | yánzhòng | serious |
| 暴力 | | bàolì | violence |
| 探取 | 采取 | cǎiqǔ | to take, to adopt |
| 措施 | | cuòshī | measures |
| 安裝 | 安装 | ānzhuāng | to install |
| 金屬 | 金属 | jīnshǔ | metal |
| 探測器 | 探测器 | tàncèqì | detector |
| 阻止 | | zǔzhǐ | to stop, to prevent |
| 將 | 将 | jiāng | =把 |
| 凶器 | | xiōngqì | lethal weapons |
| 成立 | | chénglì | to establish |
| 治安 | | zhì'ān | public security |
| 警衛隊 | 警卫队 | jǐngwèiduì | security guards |
| 巡邏 | 巡逻 | xúnluó | to go on patrol |
| 設立 | 设立 | shèlì | to set up |
| 聯絡處 | 联络处 | liánluòchù | liaison office |
| 及時 | 及时 | jíshí | timely, promptly |
| 處理 | 处理 | chǔlǐ | to handle |
| 嚴厲懲罰 | 严厉惩罚 | yánlìchéngfá | to punish severely |

| | | | |
|---|---|---|---|
| 一經 | 一经 | yìjīng | as soon as; once |
| 查出 | | cháchū | to find out, to ascertain |
| 警告 | | jǐnggào | warning |
| 開除 | 开除 | kāichú | to expel |
| 複雜 | 复杂 | fùzá | complicated |
| 背景 | | bèijǐng | background |
| 參議院 | 参议院 | cānyìyuàn | senate |
| 司法委員會 | 司法委员会 | sīfǎwěiyuánhuì | judicial committee |
| 最近 | | zuìjìn | recent |
| 凶殺 | 凶杀 | xiōngshā | homicide |
| 強姦 | 强奸 | qiángjiān | rape |
| 搶劫 | 抢劫 | qiǎngjié | robbery |
| -案 | | àn | a (criminal) case |
| 達到 | 达到 | dádào | to reach |
| 創記録 | 创记录 | chuàngjìlù | to set a record |
| 起 | | qǐ | AN for law cases |
| 謀殺 | 谋杀 | móushā | to murder(pre-meditated) |
| 成爲 | 成为 | chéngwéi | to become |
| 顯然 | 显然 | xiǎnrán | obviously |
| 解決 | | jiějué | to solve |

# 美國學生携槍上學
# 校園內外犯罪激增

## 詞語例句

1. 達…之多　　　　　　　　as many as

* 從中小學中没收的各類武器就達兩千件之多。

1）據有關方面統計,邁阿密市擁有槍枝的人數達二十萬之多。

According to some statistics, as many as 200,000 people in Miami have guns.

2）一個美國私立大學的學生一年的花費達兩萬美元之多。

A student at an American private college spends as much as twenty thousand dollars a year.

2. 此外,…　　　　　　　in addition;　besides

* …此外,還有五十六名教師因管教品行不端的學生而被毒打。

1）他靠在圖書館工作的錢交學費,此外,他還在飯館打工。

He pays his own tuition by working in the library; in addition, he also works part-time in a restaurant.

2）他的競爭能力使他得到了這個機會,此外,他也靠了朋友的幫助。

He got this opportunity because he competes very well; in addition, help from his friends was also a factor.

3）他常常因精神緊張而睡不着覺,此外,還常常做惡夢。

His nervous disposition often causes him to lose sleep at night; it also causes him to have nightmares.

3. 爲（了）＋ V.　　　　　　　in order to

　　＊　爲對付日益嚴重的校園暴力問題,美國學校正在採取措施。

　　１）爲了降低校園犯罪率,學校各處都裝了警報器。

　　　　In order to reduce the campus crime rate, the school installed alarm systems everywhere.

　　２）爲教育品行不端的學生,學校應該多跟家長聯繫。

　　　　In order to educate those students with behavior problems, the school should be in closer contact with parents.

4. 僅…就…　　　　　　　only…,（then）…

　　＊　這些警衛僅在紐約一市就有兩千四百五十人。

　　１）他僅在一年內就換了三個工作。

　　　　In only one year he has changed jobs three times.

　　２）法庭僅處理這一個案子就花了兩年時間。

　　　　It took the court two years to finish this case.

5. 一經…　　　　　　　once; as soon as

　　＊　一經查出,輕則警告,重則開除。

　　１）學校嚴禁考試作弊,一經發現,立即開除。

　　　　Cheating on exams is strictly prohibited. Whenever it is discovered, the student will be expelled immediately.

　　２）交通規則,人人都得遵守,一經違犯,輕則罰款,重則吊銷執照。

　　　　Everyone has to obey traffic regulations. Violations result in a fine for minor offenses and suspension of the driver's license for a major one.

1.說一說這幅畫是甚麼意思。

2.根據你自己的理解給這幅畫寫一個標題。

人民日报（海外版）

# 美國學生携槍上學
# 校園內外犯罪激增

新華社北京十月八日電 據《中國青年報》報道，近年來，美國携槍上學的中、小學生有增無減，其中又以紐約的學生爲甚。僅在一九九〇年，從紐約中、小學生中沒收的各類武器就達二千件之多。

報道說，學生手中武器的增多，導致校園內外犯罪事件激增。一些學生僅僅是爲了搶奪別的學生身上的首飾或是由於對方拜訪了自己的女朋友就大開殺戒。據不完全統計，一九九〇年僅紐約一市，學生犯罪率就比前一年增加了百分之十一，其中十五名學生被同學槍殺，一千五百名學生遭到同學毆打，二百一十五名學生被同學持槍搶劫，一百一十七名學生受到性攻擊，二百一十四名學生吸毒。此外，還有五十六名教師因管敎品行不端的學生而被毒打。

爲對付日益嚴重的校園暴力問題，美國學校正在採取措施，如，在每個學校門口安裝金屬探測器，以阻止學生將凶器帶入學校。成立治安警衛隊，在校園內巡邏。這些警衛僅在紐約一市就有二千四百五十人。設立警察聯絡處，及時處置暴力事件。嚴懲携槍學生，一經查出，輕則警告，重則開除。

然而，美國中、小學生携槍有着複雜的社會背景。據美國參議院司法委員會最近的報告，一九九〇年，美國凶殺、強姦、搶劫案達到創紀錄的一千八百萬起，其中被謀殺者爲二萬三千人，成爲西方犯罪最嚴重的國家。在這種社會大背景下，美國學校採取的措施無疑是杯水車薪。

《人民日报》海外版一九九一年九月十八日

## （五）
## 美国的"教育危机"

孙夜晓

　　来美国之前,我对美国教育了解不多,只知道美国是世界上教育比较发达的国家之一,教育投资、学校数量和规模,以及科研成果等都在世界上占领先地位。来美国以　,却经常听到人们谈论"教育危机",最近参加了一次学术会议,更加深了这个印象。

　　这次会议讨论最多的问题就是美国面临的"教育危机"。重点是:1、美国的经济实力正面临着日本、东南亚等新兴工业国家的挑战,要保持经济上的领先地位,就必须加强对教育的投资,因为教育维系着美国的未来;2、美国目前的学校教育制度、教学方式和方法同五十年前基本上没有什么不同,已经很难适应现代社会对教育的要求;3、青少年问题越来越严重,学校和社会对此都经受着严厉的考验。总之,美国教育面临着经费不足、方法陈旧、青少年问题突出等问题。

　　对青少年问题,代表们列举了这样一组数字:当今美国社会每出生一百个孩子,有十二个是私生子;四十

《人民日報》海外版一九九一年九月十八日

## （五）
## 美國的"教育危機"
### 孫夜曉

　　來美國之前,我對美國教育了解不多,只知道美國是世界上教育比較發達的國家之一,教育投資、學校數量和規模,以及科研成果等都在世界上佔領先地位。來美國以後,却經常聽到人們談論"教育危機",最近參加了一次學術會議,更加深了這個印象。

　　這次會議討論最多的問題就是美國面臨的"教育危機"。重點是:1、美國的經濟實力正面臨着日本、東南亞等新興工業國家的挑戰,要保持經濟上的領先地位,就必須加強對教育的投資,因爲教育維繫着美國的未來;2、美國目前的學校教育制度、教學方式和方法同五十年前基本上沒有甚麼不同,已經很難適應現代社會對教育的要求;3、青少年問題越來越嚴重,學校和社會對此都經受着嚴厲的考驗。總之,美國教育面臨着經費不足、方法陳舊、青少年問題突出等問題。

　　對青少年問題,代表們列舉了這樣一組數字: 當今美國社會每出生一百個孩子,有十二個是私生子;四十个孩子在长到十八岁前,父母离婚;五个孩子的父母分居;两个孩子十八岁前父母有一个死亡;只有四十一个孩子能够享受到比较正常的家庭生活。其他百分之五十九不能享受家庭生活的孩子,他们的逃学率、犯罪率很高,不仅危及学校,也危害社会;而学校和社会并不重视这些问题。因此,会议呼吁政府面向二十一世纪,增加教育投资,改革教学方法,增加新的教学内容,以及学校、社会和家庭共同关心青少年教育等等。

讨论题:

1.你是学生,你觉得美国有"教育危机"吗?

2.在你看来,美国的"教育危机"是什么?

3.什么是造成"教育危机"的主要原因?

　　a.政府　　b.家庭　　c.个人

個孩子在長到十八歲前,父母離婚;五個孩子的父母分居;兩個孩子十八歲前父母有一個死亡;只有四十一個孩子能夠享受到比較正常的家庭生活。其他百分之五十九不能享受家庭生活的孩子,他們的逃學率、犯罪率很高,不僅危及學校,也危害社會;而學校和社會並不重視這些問題。因此,會議呼籲政府面向二十一世紀,增加教育投資,改革教學方法,增加新的教學內容,以及學校、社會和家庭共同關心青少年教育等等。

討論題:

1. 你是學生,你覺得美國有"教育危機"嗎?

2. 在你看來,美國的"教育危機"是甚麼?

3. 甚麼是造成"教育危機"的主要原因?

    a. 政府　　b. 家庭　　c. 個人

# 生 詞

| | | | |
|---|---|---|---|
| 教育 | | jiàoyù | education |
| 危機 | 危机 | wēijī | crisis |
| …之前 | | zhīqián | …以前 |
| 了解 | | liǎojiě | to understand |
| 比較 | 比较 | bǐjiào | fairly, relatively |
| 發達 | 发达 | fādá | developed |
| 投資 | 投资 | tóuzī | investment |
| 數量 | 数量 | shùliàng | numbers |
| 規模 | 规模 | guīmó | scale, scope |
| 以及 | | yǐjí | 跟，和 |
| 科研 | | kēyán | scientific research |
| 成果 | | chéngguǒ | acheivements |
| 領先 | 领先 | lǐngxiān | leading, to be in the lead |
| 地位 | | dìwèi | position, standing |
| 卻 | | què | however |
| 經常 | 经常 | jīngcháng | often |
| 談論 | 谈论 | tánlùn | to talk about |
| 最近 | | zuìjìn | recently |

| | | | |
|---|---|---|---|
| 參加 | 参加 | cānjiā | to attend |
| 學術 | 学术 | xuéshù | academic |
| 會議 | 会议 | huìyì | conference;meeting |
| 加深 | | jiāshēn | to deepen |
| 印象 | | yìnxiàng | impression |
| 討論 | 讨论 | tǎolùn | to discuss |
| 面臨 | 面临 | miànlín | to be confronted with |
| 重點 | 重点 | zhòngdiǎn | key points |
| 經濟 | 经济 | jīngjì | economic |
| 實力 | 实力 | shílì | strength |
| 東南亞 | 东南亚 | Dōngnányà | Southeast Asia |
| 新興 | 新兴 | xīnxīng | newly-developed, rising |
| 工業 | 工业 | gōngyè | industrial |
| 挑戰 | 挑战 | tiǎozhàn | challenge |
| 保持 | | bǎochí | to retain |
| 必須 | 必须 | bìxū | must |
| 加强 | | jiāqiáng | intensify, strengthen |
| 維繫 | 维系 | wéixì | to have a bearing on (in this context) |
| 未來 | 未来 | wèilái | future |

| | | | |
|---|---|---|---|
| 目前 | | mùqián | present |
| 教育制度 | | jiàoyùzhìdù | educational system |
| 方式 | | fāngshì | ways, methods |
| 方法 | | fāngfǎ | means, methodology |
| 基本上 | | jīběnshàng | basically |
| 適應 | 适应 | shìyìng | to suit, to meet the needs of |
| 現代 | 现代 | xiàndài | modern |
| 青少年 | | qīngshàonián | teenagers |
| 嚴重 | 严重 | yánzhòng | serious |
| 經受 | 经受 | jīngshòu | to experience |
| 嚴厲 | 严厉 | yánlì | severe, rigorous |
| 考驗 | 考验 | kǎoyàn | test |
| 總之 | 总之 | zǒngzhī | in brief |
| 經費 | 经费 | jīngfèi | funds |
| 不足 | | bùzú | not enough, to be short of |
| 陳舊 | 陈旧 | chénjiù | to be out-of-date |
| 突出 | | tūchū | prominent |
| 代表 | | dàibiǎo | representative |
| 列舉 | 列举 | lièjǔ | list |
| 數字 | 数字 | shùzì | numbers |

| | | | |
|---|---|---|---|
| 當今 | 当今 | dāngjīn | nowadays |
| 出生 | | chūshēng | to be born |
| 私生子 | | sīshēngzi | illegitimate child |
| 長到 | 长到 | zhǎngdào | to grow up to |
| 離婚 | 离婚 | líhūn | to divorce |
| 分居 | | fēnjū | to separate |
| 死亡 | | sǐwáng | to die |
| 享受 | | xiǎngshòu | to enjoy |
| 正常 | | zhèngcháng | normal |
| 其他 | | qítā | other |
| 逃學 | 逃学 | táoxué | to ditch school, to play hooky |
| 率 | | lǜ | rate |
| 犯罪率 | | fànzuìlǜ | crime rate |
| 不僅 | 不仅 | bùjǐn | not only |
| 危及 | | wēijí | to endanger |
| 危害 | | wēihài | to jeopardize |
| 並 | 并 | bìng | actually (not) |
| 重視 | 重视 | zhòngshì | to take ... seriously |
| 呼籲 | 呼吁 | hūyù | to appeal |
| 政府 | | zhèngfǔ | government |

| | | | |
|---|---|---|---|
| 面向 | | miànxiàng | look out upon |
| 世紀 | 世纪 | shìjì | century |
| 增加 | | zēngjiā | to increase |
| 改革 | | gǎigé | to reform |
| 內容 | | nèiróng | contents |
| 共同 | | gòngtóng | jointly |
| 關心 | 关心 | guānxīn | to care about |

# 美國的"教育危機"

## 詞語例句

1. …之前/之後 = …以前/以後

　　* 來美國之前,我對美國教育了解不多。

　　1) 去中國之前,我特地去買了一張中國地圖。

　　　　Before going to China, I made a point of buying a Chinese map.

　　2) 上了大學之後,他就不再學外語了。

　　　　After entering college, he didn't study foreign language anymore.

2. …之一　　　　　　　　　　one of…

　　* 美國是世界上教育比較發達的國家之一。

　　1) 這是人們談論得最多的問題之一。

　　　　This is one of the problems talked about most.

　　2) 離婚率太高是美國最嚴重的問題之一。

　　　　The high divorce rate is one of the most serious problems in America.

3. 要…,就…　　　if (subj.) want to…,then…

　　* 要保持經濟上的領先地位,就必須加强對教育的投資。

　　1) 要解決青少年問題, 就得先了解他們的背景。

　　　　If the problems involving teenagers (juvenile delinquency) are to be solved, their family backgrounds should be clarified first.

　　2) 要適應現代社會的發展,就必須掌握科學知識。

　　　　To keep pace with the development of society, one must try to be scientifically knowledgeable.

4. 面臨…挑戰　　　to be confronted with the challenge of…

　　* 美國的經濟實力正面臨着日本、東南亞等新興工業國家的挑戰。

　　1） 科學的迅速發展,使人人都面臨新技術的挑戰。

　　　　The rapid development of science has caused everyone to confront the challenges brought by new technology.

　　2） 現在全世界都面臨着人口問題的挑戰。

　　　　Now the whole world is confronted with the challenge of the over-population problem.


5. 總之,　　　　　in a word

　　* 總之,美國教育面臨着經費不足、方法陳舊、青少年問題突出等問題。

　　1） …總之,沒有解決不了的問題。

　　　　… in a word, there is no problem that cannot be resolved.

　　2） …總之,任何人都不能改變歷史。

　　　　… in a word, nobody can change history.

1.把畫中每個人所説的話都寫出來。

2.根據你自己的理解給這幅畫寫一個標題。

# 插頁閱讀練習(三)

《人民日報》海外版一九九一年七月十七日

□ 孫夜曉(美國喬治亞州麥斯大學)

## 美國教授談美國大學生

來美國後,我接觸了大量美國學生,感覺到不少人對中國和美國以外其他國家的事情很少瞭解,對國際形勢和國際動態也知之不多。我和一些美國教授談起這個問題,他們也有同感。布納德·布爾先生是美國卡森紐曼學院教育系博士,最近,他給我談了美國大學生的三點「不足」。

一、「夜郎自大」。不少美國大學生談起美國總以老大自居,認爲美國是世界經濟強國,天下第一,只能別人學習我,我無須學習別人。這個想法非常片面,美國的確是當今世界工業教達國家之一,但是,世界是勤態的,而不是靜止的,今天的強國,有可能變爲明天的弱國。況且強和弱並不是絕對的,各國經濟都有長處和短處。在激烈的國際競爭中,美國經濟面臨着越來越嚴峻的形勢,在世界經濟中所佔的比重越逐年下跌,近幾年經濟蕭條和通貨膨脹更使人憂心忡忡。

二、「井底觀天」。許多美國大學生只對三件事有興趣,一是在校園埋頭讀書應付考試,一切爲了學分學位,二是有空外出打工,多賺錢高消費,三是熱衷於異性交往和足球、棒球等娛樂享受。這些學生不看報,不關心政治,對國際時事和別國的事情一無所知。不少美國學生不僅不知道中國的兵馬俑,埃及的金字塔,甚至連美國有多少州,多少人口也不知道。

三、「功利至上」。受美國商業社會的影響,許多學生爲「功利」而受教育,學習的目的是爲了學分、學位,拿了學位是爲了找好職業拿高薪水,適應社會和市場需要固然有好的一面,但教育畢竟不等同於在市場上隨行就市的商品,教育的對象是人,涉及的範圍很廣,如人的文化需要和專業技能的培養,道德情操的提高,聽說讀寫及社會交往等項功能的全面發展等。教育自然離不開一定的功利,但將兩者混爲一談,是對教育的褻瀆和貶低。

除了以上三點,布納德·布爾博士還談到,美國大學教育不重視外語教學是個弱點,語言是人類交流的工具,美國大學生不懂外語,怎麼瞭解世界?這一點中國做得很好,青少年從中小學就將外語做爲必修課。他在中國時無論去哪裏,不出五分鐘總有人上來禮貌地用英語和他打招呼,在商店或者在任何公共場合,什麼時間就有人出來講英語,這和美國是個鮮明的對照。因此,布納德博士認爲,要真正解決美國的「教育危機」,增加教育經費,更新教學設備固然重要,但改革教育方法,注重對人的培養更爲重要。

人民日報 (海外版)

□ 孫夜曉〔美國〕

# 美國的"教育危機"

來美國之前，我對美國教育瞭解不多，只知道美國是世界上教育比較發達的國家之一，其教育投資、學校數量和規模，以及科研成果等項指標都處於世界領先地位。來美國以後，卻經常聽到人們談論"教育危機"，最近參加了一次學術會議，更加深了這個印象。

美國有一個自發的、全國性的群眾組織，叫"職業教育者協會"，總會設在首都華盛頓，每個州都有相應的分會。其成員既有教育界名流，也有普通教師。總會和各分會經常就教育方面的一些重大問題進行磋商和討論，據說這個組織的工作直接影響到政府的決策。應朋友之邀，我參加了田納西州九一年年會，這次會議爭論最多的是美國面臨的"教育危機"。會議集中討論了幾條：1、美國的經濟實力正面臨着日本、東南亞等新興工業國家的挑戰，要保持其經濟上的領先地位，必須加強對教育的投入，因爲教育維繫着美國的未來；2、美國目前的學校教育制度、教學方式和方法同五十年前基本無異，已經很難適應現代社會對教育的要求；3、美國的教育對象——青少年問題越來越嚴重，學校和社會對此都經受着嚴峻的考驗。總之，美國教育面臨着經費不足、方法陳舊、青少年問題突出等緊迫現實。對青少年問題，代表們列舉了這樣一組數字：當今美國社會每出生一百個孩子，有十二個是私生子；四十個孩子在長到十八歲以前，父母離婚；五個孩子的父母分居；二個孩子十八歲前父母有一個身亡；只有四十一個孩子能夠享受到比較正常的家庭生活。其他百分之五十九不能享受正常家庭生活的孩子，往往逃學率、犯罪率很高，不僅危及學校，也危害社會，而學校和社會對此並沒有予以應有的重視。因此，會議呼籲政府面向二十一世紀，採取措施增加教育投資，改革教學方法，增加新的教學內容，以及學校、社會和家庭共同關心青少年教育等等。

《人民日报》海外版一九九〇年七月三十一日

# （六）

## 象牙塔里的幽灵

___美国大学校园内的种族歧视

　　今年四月里的一个夜晚,亚特兰大市艾默利大学的黑人学生萨宾琳娜.柯林斯回到寝室,发现自己的玩具熊被乱刀砍烂,衣服也被漂白粉浸泡过,墙上有用口红涂写的"黑鬼"两个字。后来,她又收到死亡威胁信。在她准备搬离这所房子的时候,萨宾琳娜在地毯下面的地板上看到了用指甲油写的"黑鬼该死"几个字。她的心里受到了很大的创伤,从此便沉默寡言,不得不被送进医院治疗。

　　受到种族歧视迫害的不仅仅是黑人。总部设在巴尔的摩的"美国全国反歧视和暴力中心"估计,全部少数民族大学生中,有五分之一受到身体和言语的骚扰。去年夏天,十六岁的犹太学生霍金斯被一群青年人打死。一九八九年以来,校园反犹太事件增加了百分之三十,亚裔学生也有类似的经历。不过他们遭攻击的原因和黑人学生的不一样,不是因为他们享受降低分数的照顾,而是因为他们聪明、勤奋,提高了学习

《人民日報》海外版一九九〇年七月三十一日

## （六）
## 象牙塔裏的幽靈
### ＿＿美國大學校園內的種族歧視

　　今年四月裏的一個夜晚,亞特蘭大市艾默利大學的黑人學生薩賓琳娜.柯林斯回到寢室,發現自己的玩具熊被亂刀砍爛,衣服也被漂白粉浸泡過,牆上有用口紅塗寫的"黑鬼"兩個字。後來,她又收到死亡威脅信。在她準備搬離這所房子的時候,薩賓琳娜在地毯下面的地板上看到了用指甲油寫的"黑鬼該死"幾個字。她的心裏受到了很大的創傷,從此便沉默寡言,不得不被送進醫院治療。

　　受到種族歧視迫害的不僅僅是黑人。總部設在巴爾的摩的"美國全國反歧視和暴力中心"估計,全部少數民族大學生中,有五分之一受到身體和言語的騷擾。去年夏天,十六歲的猶太學生霍金斯被一群青年人打死。一九八九年以來,校園反猶太事件增加了百分之三十,亞裔學生也有類似的經歷。不過他們遭攻擊的原因和黑人學生的不一樣,不是因為他們享受降低分數的照顧,而是因為他們聰明、勤奮,提高了學習

69

和工作的竞争水平。

由歧视引发的罪行不断发生,仅在纽约市,自一九八六年以来,种族之间,因为仇恨而发生的罪案增加了百分之八十。其中百分之七十是十九岁以下青少年所做的。

美国校园内的种族歧视行为的不断增加,已经引起美国总统和学校当局的关注。今年四月,布什总统签署了一项法案,要求政府有关部门对种族歧视引起的暴力事件进行调查,并研究对策。许多大学也已经通过惩罚与教育相结合的方法来打击种族歧视行为。但是,种族歧视在美国有很深远的历史和社会的原因,要想根除是非常困难的。


讨论题:

1. 是不是只有美国才有种族歧视?

2. 你觉得种族歧视在美国校园内是不是越来越严重?

3. 怎么样才能解决校园内的种族歧视问题?

和工作的競爭水平。

由歧視引發的罪行不斷發生,僅在紐約市,自一九八六年以來,種族之間,因為仇恨而發生的罪案增加了百分之八十。其中百分之七十是十九歲以下青少年所做的。

美國校園內的種族歧視行為的不斷增加,已經引起美國總統和學校當局的關注。今年四月,布什總統簽署了一項法案,要求政府有關部門對種族歧視引起的暴力事件進行調查,並研究對策。許多大學也已經通過懲罰與教育相結合的方法來打擊種族歧視行為。但是,種族歧視在美國有很深遠的歷史和社會的原因,要想根除是非常困難的。

討論題:

1. 是不是只有美國才有種族歧視?
2. 你覺得種族歧視在美國校園內是不是越來越嚴重?
3. 怎麼樣才能解決校園內的種族歧視問題?

# 生詞

| | | | |
|---|---|---|---|
| 象牙塔 | | xiàngyátǎ | ivory tower |
| 幽靈 | 幽灵 | yōulíng | ghost |
| 校園 | 校园 | xiàoyuán | campus |
| 種族 | 种族 | zhǒngzú | race |
| 歧視 | 歧视 | qíshì | discrimination |
| 夜晚 | | yèwǎn | night |
| 亞特蘭大 | 亚特兰大 | Yàtèlándà | Atlanta |
| 艾默利大學 | 艾默利大学 | Aìmòlìdàxué | Emory University |
| 薩賓琳娜 | 萨宾琳娜 | Sàbīnlínnà | Sabrina |
| 柯林斯 | | Kēlínsī | Collins |
| 寢室 | 寝室 | qǐnshì | bedroom(in a dorm) |
| 發現 | 发现 | fāxiàn | to find out; to discover |
| 玩具熊 | | wánjùxióng | stuffed toy bear |
| 砍爛 | 砍烂 | kǎnlàn | to cut and chop to pieces |
| 漂白粉 | | piǎobáifěn | bleaching powder |
| 浸泡 | | jìnpào | to soak |
| 口紅 | 口红 | kǒuhóng | lipstick |

| | | | |
|---|---|---|---|
| 塗 | 涂 | tú | to paint |
| 鬼 | | guǐ | devil; ghost |
| 黑鬼 | | hēiguǐ | a derogatory term for black people |
| 死亡 | | sǐwáng | death |
| 威脅 | 威胁 | wēixié | to threaten |
| 地毯 | | dìtǎn | carpet |
| 地板 | | dìbǎn | floor |
| 指甲油 | | zhǐjiayóu | nail polish |
| 該死 | 该死 | gāisǐ | Damn! Damn you! |
| 創傷 | 创伤 | chuāngshāng | wound; trauma |
| 從此 | 从此 | cóngcǐ | from then on |
| 便 | | biàn | **就** |
| 沉默寡言 | | chénmòguǎyán | reticent (quiet and reserved) |
| 送 | | sòng | to send/take ...to... |
| 治療 | 治疗 | zhìliáo | to treat (medically) |
| 迫害 | | pòhài | to persecute |
| 僅僅 | 仅仅 | jǐnjǐn | only |
| 總部 | 总部 | zǒngbù | general headquarters |
| 設 | 设 | shè | to set up |

| | | | |
|---|---|---|---|
| 巴爾的摩 | 巴尔的摩 | Bāěrdìmó | Baltimore |
| 反- | | fǎn | anti- |
| 暴力 | | bàolì | violence |
| 中心 | | zhōngxīn | center |
| 估計 | 估计 | gūjì | to estimate |
| 少數民族 | 少数民族 | shǎoshùmínzú | minority nationality |
| 身體 | 身体 | shēntǐ | (human) body; physical |
| 騷擾 | 骚扰 | sāorǎo | to harass; harassment |
| 猶太 | 犹太 | Yóutài | Jewish |
| 霍金斯 | | Huòjīnsī | personal name |
| 群 | | qún | AN for group/band of people |
| 事件 | | shìjiàn | incident |
| 增加 | | zēngjiā | to increase |
| -裔 | | yì | descendants |
| 類似 | 类似 | lèisì | similar |
| 經歷 | 经历 | jīnglì | experience |
| 享受 | | xiǎngshòu | to enjoy |
| 降低 | | jiàngdī | to lower |
| 分數 | 分数 | fēnshù | score |
| 照顧 | 照顾 | zhàogù | care |

| | | | |
|---|---|---|---|
| 勤奮 | 勤奋 | qínfèn | diligent |
| 提高 | | tígaō | to raise |
| 競争 | 竞争 | jìngzhēng | to compete; competition |
| 水平 | | shuǐpíng | standard, level |
| 引發 | 引发 | yǐnfā | to initiate |
| 罪行 | | zuìxíng | crime |
| 不斷 | 不断 | búduàn | constantly |
| 發生 | 发生 | fāshēng | to take place, to occur |
| 仇恨 | | chóuhèn | enmity |
| 罪案 | | zuìàn | criminal case |
| 行爲 | 行为 | xíngwéi | act, action; behavior |
| 引起 | | yǐnqǐ | to arouse |
| 總統 | 总统 | zǒngtǒng | president (of a country) |
| 當局 | 当局 | dāngjú | the authorities |
| 關注 | 关注 | guānzhù | to follow with interest; to pay close attention to |
| 簽署 | 签署 | qiānshǔ | to sign |
| 法案 | | fǎàn | bill; proposed law |
| 有關 | 有关 | yǒuguān | related |

| | | | |
|---|---|---|---|
| 部門 | 部门 | bùmén | department |
| 進行 | 进行 | jìnxíng | to carry out |
| 調查 | 调查 | diàochá | to investigate; investigation |
| 對策 | 对策 | duìcè | the way to deal with a situation; measures |
| 通過 | 通过 | tōngguò | through; by means of |
| 懲罰 | 惩罚 | chéngfá | punishment |
| 結合 | 结合 | jiéhé | to combine |
| 打擊 | 打击 | dǎjī | to strike; to crack down |
| 深遠 | 深远 | shēnyuǎn | deep; profound |
| 根除 | | gēnchú | to eliminate; to root out |

# 象牙塔裏的幽靈

## 詞語例句

1.　受到…　　　　　　　　　to be V-ed
*　她的心里受到了很大的創傷。

1）因爲他的膚色,他在社會上常常受到歧視。

Because of his skin color, he is often discriminated against in society.

2）她真希望她的孩子能受到良好的教育。

She really hopes that her children will receive a good education.

2.　不得不　　　　　　　　have no choice but;　have to
*　她…從此便沉默寡言,不得不被送進醫院治療。

1）由於政治上的原因,他不得不離開自己的國家。

Because of political reasons, he had no choice but to leave his own country.

2）因爲多生孩子會受到輿論的制裁,所以中國婦女不得不按政府的規定只生一個孩子。

In China, giving birth to more than one child incites public criticism. For this reason, Chinese women have no choice but to adhere to the government's one-child policy.

3.　不是…而是…　　　　　　not…, but…
*　…的原因,不是因爲他們享受降低分數的照顧,而是因爲他們聰明,勤奮。

1）今年以來,校園內的種族歧視不是減少了,而是增加了。

Starting this year, racial discrimination on campus has not decreased but has increased.

２） 他被人打死,不是因爲對他個人的仇恨,而是因爲種族之間的仇恨。

He was not killed over a personal gripe, but because of racial hatred.

4. A 與 B （相）結合          to combine A with B

\* 通過懲罰與教育相結合的方法來打擊種族歧視行爲。

１） 討論與演講相結合的方法受到學生的歡迎。

The teaching method of combining discussion with lectures is popular with students.

２） 藥物治療與心理治療相結合,使病人迅速恢復了健康。

As a result of the combination of medical treatment with psychological treatment, the patient recovered quickly.

1. 説一説這幅漫畫的意思。

2. 寫出畫中的人可能會說的話。

3. 根據你自己的理解給這幅畫寫一個標題。

# 插頁閱讀練習(四)

《人民日報》海外版一九九0年十月三十一日

---

## 有三K黨的自由就沒有民眾的自由
### ——記華盛頓五千軍警保護廿五名三K黨徒遊行示威

新華社記者　陸文岳

今天下午，來自美國北卡羅來納州的二十五名三K黨徒在華盛頓五千軍警保護下，從白宮前面的憲法大道耀武揚威地遊行到國會山，並在國會台階上舉行了三十分鐘集會。

這批黨徒曾於九月初來過華盛頓，試圖舉行遊行集會，宣揚白人優越和種族隔離主張。那次行動儘管得到三千多軍警的保護，但三千多華盛頓市民在"全民大會"的組織下，在憲法大道上成功地挫敗了他們的遊行計劃。

然而，領導這支名為"三K黨基督教騎士"的大龍頭維吉爾·格里芬發誓一定要在本月份達到在美國首都遊行的目的。格里芬在向聯邦公園管理局申請這次行動時威脅說，即使警察不保護，他也將率衆遊行。

華盛頓警方此次借調千餘陸軍憲兵維持交通秩序，並動員上千輛警車和四千名佩槍持棍的警員，封鎖了通往國會山的憲法大道、賓州大道和獨立大道的十幾個街區，將憲法大道上的市民和遊客全部趕走，連新聞記者也不得滯留採訪或觀望。當三K黨在二十個騎警先導下遊行時，封鎖各個街口的警察高舉警棍成群結隊衝向圍觀群衆，逼迫他們後退幾十米，誰不服從，便會挨棍。許多人怨憤地責問警官：三

K黨有遊行的自由，爲何我們沒有走路的自由？

今天響應"全民大會"的號召前來阻擋三K黨遊行的市民在人數和組織方面都顯得不足，但仍有不少人與警察發生衝突，數輛警車的玻璃窗被石塊砸碎，大約四十名抗議者被警察逮捕。

爲了保證三K黨集會成功，警方把方圓兩公里的國會山團團圍住，並樹了兩層柵欄。除白宮和國會記者外，其餘民衆一概不得入內，國會大廈爲此對公衆關閉了半天。

一位黑人組織的領導人說，臭名昭著的三K黨今天在首都遊行集會成功是美國政府支持的結果。爲保證二十五名三K黨徒的所謂"言論自由"，政府出動五千軍警對成千上萬的普通人的行動自由加以粗暴限制，這不能不說是對美國民主制度的極大諷刺。

據報道，目前美國有幾十個大小三K黨組織，黨徒約有數萬。由於他們不再公開宣揚暴力和恐怖主義，因而受到美國法律保護。近年來，三K黨活動在美國南部和中西部又有抬頭趨勢。（新華社華盛頓十月二十八日電）

人民日報（海外版）

# 象牙塔裏的幽靈

## ——美國大學校園內的種族歧視

今年四月的一個夜晚，亞特蘭大市艾默利大學的黑人學生薩賓琳娜·柯林斯回到寢室，發現自己的玩具熊遭亂刀爛砍，衣服被漂白粉浸泡過，牆上有用口紅塗寫的"黑鬼"二字。後來，她又收到死亡威脅信。在她準備搬離這所房子時，薩賓琳娜在地毯下面的地板上看到了用指甲油寫的"黑鬼該死"幾個字。她的心理受到巨大創傷，從此變得沉默寡言，不得不被送進醫院治療。

遭到種族歧視迫害的不僅僅是黑人。總部設在巴爾的摩的美國全國反歧視和暴力中心估計，全部少數民族大學生中，有五分之一受到肉體和言語的騷擾。去年夏天，十六歲的猶太學生霍金斯被一夥青年暴徒擊斃。一九八九年以來，有案可查的校園反猶太事件增加了百分之三十，亞裔學生也有類似經歷。不過他們遭攻擊的原因和黑人學生的不一樣。不是因為他們享受降低分數的照顧，而是因為他們聰明、勤奮，提高了學習和工作的競爭水平。

由偏見和歧視引發的罪行不斷發生。僅在紐約市，自一九八六年以來，仇恨罪增加百分之八十。其中百分之七十是十九歲以下青少年所爲。

美國校園內的種族歧視行爲的不斷增加，已引起上至美國總統，下至學校當局的關注。今年四月，布什總統簽署了"仇恨罪統計法案"，責成政府有關部門對種族歧視引起的暴力事件進行調查，並研究對策。許多大學也已通過懲罰與教育相結合的方法來打擊種族歧視行爲。但是，種族歧視在美國有其深刻的社會原因，要想根除遠非易事。

（宋榮華）

《人民日报》海外版一九九〇年五月三十日

## （七）
## 美国人的"棕色化"
黄晴

二十世纪后半期以来,美国人口的种族结构发生了很大的变化,有人把这个情形叫做美国人的"棕色化"。根据统计和估计,美国白人在一九五五年所占人口比例是百分之九十,到一九八五年则下降到了百分之八十以下,到二〇二〇年,这一比例将降到百分之六十,到二〇五六年,白人将只占美国总人口的百分之五十左右。

美国是个移民国家,过去是欧洲移民占绝对多数,最近几十年来移民的情形发生了变化。有人说,"美国以前是欧洲的缩影,现在是世界的缩影"。美国人的"棕色化"将对美国社会从政治、经济、教育到价值观念和文化都产生重大影响。

在政治经济方面,有人认为美国少数民族将要求分享更多的利益和权利,形成新的政治联盟。到了二十一世纪,以白人为主和以非白人为主的工作者之间将有利益冲突。以白人为主的管理阶层和以少数民族

《人民日報》海外版一九九〇年五月三十日

# （七）
## 美國人的"棕色化"
### 黃晴

二十世紀後半期以來,美國人口的種族結構發生了很大的變化,有人把這個情形叫做美國人的"棕色化"。根據統計和估計,美國白人在一九五五年所佔人口比例是百分之九十,到一九八五年則下降到了百分之八十以下,到二〇二〇年,這一比例將降到百分之六十,到二〇五六年,白人將只佔美國總人口的百分之五十左右。

美國是個移民國家,過去是歐洲移民佔絕對多數,最近幾十年來移民的情形發生了變化。有人說,"美國以前是歐洲的縮影,現在是世界的縮影"。美國人的"棕色化"將對美國社會從政治、經濟、教育到價值觀念和文化都產生重大影響。

在政治經濟方面,有人認爲美國少數民族將要求分享更多的利益和權利,形成新的政治聯盟。到了二十一世紀,以白人爲主和以非白人爲主的工作者之間將有利益衝突。以白人爲主的管理階層和以少數民族为主的职工阶层之间更容易发生矛盾。

在文化教育方面,少数民族保持原来语言的趋势在加强,出现了反对以英语为唯一官方语言的意见。在人文科学上,有人反对以希腊、拉丁和西欧经典为主的人文教育,认为这是"文化帝国主义"。在价值观念上,有人认为,任何健全的社会都需要有一套社会共同的价值观,由于美国人口种族结构变化,以西方价值为主的做法已完全适应不了文化背景越来越复杂的现状。不管人们愿意看到还是不愿意看到,在美国,一个越来越明显的多种族社会已经是一个不可避免的事实。

讨论题:

1. 你认为"棕色化"对美国的将来有好处还是有坏处?

2. "棕色化"的结果是增加还是减少白人与非白人之间的冲突?

3. 少数民族应不应该保留他们自己的文化和语言?

4. 英文应该是美国唯一的官方语言吗?

爲主的職工階層之間更容易發生矛盾。

在文化教育方面,少數民族保持原來語言的趨勢在加強,出現了反對以英語爲唯一官方語言的意見。在人文科學上,有人反對以希臘、拉丁和西歐經典爲主的人文教育,認爲這是"文化帝國主義"。在價值觀念上,有人認爲,任何健全的社會都需要有一套社會共同的價值觀,由於美國人口種族結構變化,以西方價值爲主的做法已完全適應不了文化背景越來越複雜的現狀。不管人們願意看到還是不願意看到,在美國,一個越來越明顯的多種族社會已經是一個不可避免的事實。

討論題:

1.你認爲"棕色化"對美國的將來有好處還是有壞處?

2."棕色化"的結果是增加還是減少白人與非白人之間的衝突?

3.少數民族應不應該保留他們自己的文化和語言?

4.英文應該是美國唯一的官方語言嗎?

# 生 詞

| | | | |
|---|---|---|---|
| 棕色 | | zōngsè | brown |
| -化 | | -huà | to become (suffix): -ize, -ify |
| 世紀 | 世纪 | shìjì | century |
| 人口 | | rénkǒu | population |
| 種族 | 种族 | zhǒngzú | race |
| 結構 | 结构 | jiégòu | structure; construction |
| 發生 | 发生 | fāshēng | to take place |
| 變化 | 变化 | biànhuà | change |
| 根據 | 根据 | gēnjù | according to |
| 統計 | 统计 | tǒngjì | statistics |
| 估計 | 估计 | gūjì | estimation |
| 白人 | | báirén | Caucasian |
| 佔 | 占 | zhàn | to amount to; to make up |
| 比例 | | bǐlì | proportion |
| 百分之… | | bǎifēnzhī | ％ , percentage |
| 則 | 则 | zé | 就 |

| | | | |
|---|---|---|---|
| 下降 | | xiàjiàng | to decline |
| 左右 | | zuǒyòu | around (used after a number to indicate approximation) |
| 移民 | | yímín | immigrants |
| 過去 | 过去 | guòqù | in the past |
| 歐洲 | 欧洲 | Ōuzhōu | Europe |
| 絕對 | 绝对 | juéduì | absolute |
| 多數 | 多数 | duōshù | majority |
| 縮影 | 缩影 | suōyǐng | miniature |
| 經濟 | 经济 | jīngjì | economy |
| 價值觀念 | 价值观念 | jiàzhíguānniàn | values |
| 產生 | 产生 | chǎnshēng | to produce |
| 重大 | | zhòngdà | significant |
| 少數民族 | 少数民族 | shǎoshùmínzú | minority nationalities |
| 分享 | | fēnxiǎng | to share (rights, joy, etc.) |
| 利益 | | lìyì | interest; benefit |
| 權力 | 权力 | quánlì | power |
| 形成 | | xíngchéng | to form |
| 聯盟 | 联盟 | liánméng | alliance |
| 衝突 | 冲突 | chōngtū | conflict |

| | | | |
|---|---|---|---|
| 以…爲主 | 以…为主 | yǐ … wéizhǔ | to take .. as a dominant factor |
| 管理 | | guǎnlǐ | to manage |
| 階層 | 阶层 | jiēcéng | stratum |
| 職工 | 职工 | zhígōng | employee |
| 矛盾 | | máodùn | contradiction |
| 保持 | | bǎochí | to maintain |
| 原來 | | yuánlái | original |
| 趨勢 | 趋势 | qūshì | trend |
| 加強 | | jiāqiáng | to strengthen |
| 反對 | 反对 | fǎnduì | to oppose |
| 唯一 | | wéiyī | only and sole |
| 官方 | | guānfāng | official |
| 人文科學 | 人文科学 | rénwénkēxué | humanities |
| 希臘 | 希腊 | Xīlà | Greek |
| 拉丁 | | Lādīng | Latin |
| 經典 | 经典 | jīngdiǎn | classics |
| 認爲 | 认为 | rènwéi | to think |
| 帝國主義 | 帝国主义 | dìguózhǔyì | imperialism |
| 任何 | | rènhé | any |
| 健全 | | jiànquán | sound; perfect |

| 套 | | tào | AN: set |
|---|---|---|---|
| 共同 | | gòngtóng | same, shared |
| 作法 | | zuòfǎ | way of doing things |
| 適應 | 适应 | shìyìng | to adapt to |
| 背景 | | bèijǐng | background |
| 複雜 | 复杂 | fùzá | complex |
| 現狀 | 现状 | xiànzhuàng | present situation |
| 不管 | | bùguǎn | no matter (QW or V not V or 還是) |
| 明顯 | 明显 | míngxiǎn | obvious |
| 不可避免 | | bùkěbìmiǎn | unavoidable |
| 事實 | 事实 | shìshí | a fact |

# 美國人的“棕色化”

## 詞語例句

1. 把…叫做…　　　　　call/describe…as

   * 有人把這個情形叫做美國人的“棕色化”。

   1） 美國政府把蘇聯的變化叫做“進步”,而中國政府把它叫做“倒退”。

      The American government described the changes in the Soviet Union as “progress”, while the Chinese government described them as “regression”.

   2） 紐約是一個多種族的城市,所以有人把它叫做“大熔爐”。

      New York is a multi-racial city; that is why some people call it a “melting-pot”.

2. 根據…　　　　　according to…;　on the basis of…

   * 根據統計和估計,美國白人在一九五五年…

   1） 根據醫生的診斷,他得的是艾滋病。

      According to the doctor's diagnosis, he has AIDS.

   2） 這個結論是根據美國人的價值觀念得出來的。

      This conclusion is derived from American values.

3. 占…百分之…　　　　　to amount to… percentage

   * 美國白人在一九五五年所占人口比例是百分之九十。

   1） 根據統計,美國黑人只占全美國人口的百分之十七。

      According to statistics, black people constitute only 17 percent of the

American population.

2）說中文的人占全球人口的百分之幾?

Chinese-speaking people make up what percentage of the global population?

4. … 左右　　　　　　　about …;　around …

* 到二〇五六年,白人將只佔美國總人口的百分之五十左右。

1）孩子在六歲左右上學最理想。

The most ideal age for a child to go to school is around six.

2）車禍是在下午三點左右發生的。

The car accident happened at around three o'clock in the afternoon.

5. 對…產生影響　　　　　to produce an influence on …

* 美國人的"棕色化"將對美國社會…產生重大影響。

1）有色人種的增多對美國社會的各個方面都產生了影響。

The increase of people from many different racial backgrounds has influenced every aspect of life in American society.

2）新政策對經濟的發展產生了良好的影響。

The new policy has had a good influence on economic development.

6. 在…方面　　　　in…respect;　　as far as…is concerned;
　　　　　　　　　with respect to…

* 在政治經濟方面,有人認爲美國少數民族將要求分享更多的利益和權力。

1）在文化背景方面,這兩個國家截然不同。

As far as cultural background is concerned, these two countries are entirely different.

2） 在經濟方面,中國當然比不上美國。

As far as the economy is concerned, China's situation cannot compare （favorably） with the United States.

7. 以…爲主　　　　　　　to take...as the dominant factor

\* 以白人爲主和以非白人爲主的工作者之間將有利益衝突。

1） 教育改革究竟應以學生爲主還是以老師爲主呢?

Should education reform take students or teachers as the dominant factor to improve schools?

2） 以吸毒爲主的社會問題引起了各界人士的擔心。

The serious social problems caused by drug-use have aroused the concern of people of all circles.

8. 以 A 爲 B　　　　　to take/regard A as B

\* 在文化教育方面,…出現了反對以英語爲唯一官方語言的意見。

1） 聯合國以七種不同的語言爲日常工作語言。

The United Nations uses seven different official languages.

2） 不以名利爲生活的目的,那麼以甚麼爲人生的目的呢?

If you don't take fame and fortune as your goal in life, then, what is your goal in life?

9. 在…上 ＝ 在…方面

\* 在人文科學上, 有人反對…。

1） 在生活上,他已經完全能自理了。

As far as daily life is concerned, there is no problem for him to take care of himself.

2） 他在學習上的困難還比較大。

He still has relatively bigger problems in his studies.

10. 任何…都/也…            any; whatever; whichever

   * 任何健全的社會都需要有一套社會共同的價值觀。

1） 任何成功都得通過努力而獲得。

Any success must be achieved through hard work.

2） 除了歷史以外,他對任何專業都沒有興趣。

Except for history, he's not interested in any subject.

11. 不管… QW/v. not v. /…還是…     no matter…

   * 不管人們願意看到還是不願意看到,在美國,…

1） 不管種族結構發生甚麼變化,美國精神都不會變。

No matter what changes there are in racial structure, the American spirit will not change.

2） 不管父母贊成還是反對,他都堅持要走自己的路。

Regardless of whether his parents agree or not, he insists on going his own way.

1.詳細地說明這幅畫的意思。

2.根據你自己的理解給這幅畫寫一個標題。

人民日报（海外版）

# 美國人的"棕色化"

黃晴

進入二十世紀後半葉以來，美國人口的種族民族結構發生了急劇的變化，有人稱之爲美國人的"棕色化"。根據統計和估測，美國白人在一九五五年所佔人口比例爲百分之九十，至一九八五年則下降到百分之八十以下，至二〇二〇年，這一比例將降至百分之六十，到二〇五六年，白人將只佔美國總人口的百分之五十左右。

上述估測有充分根據，據統計，美國亞裔人口的年自然增長率爲近千分之二十，機械增長率（移民）近千分之四十，拉美裔人的年自然增長率和機械增長率均在千分之十七上下，黑人的年自然增長率爲千分之十三左右，機械增長率爲千分之二左右，而白人的年自然增長率不足千分之五，機械增長率不足千分之一。根據這一移民和生育趨勢，到本世紀末，美國拉美裔人將增加百分之二十一，亞裔人將增加百分之二十二，黑人將增加百分之十二，而白人則只增加百分之二；到二〇二〇年，拉美裔人或非白種人人口均翻番，達一億一千五百萬人。目前，美國的一些地區已出現了少數民族佔人口優勢的狀況，在加州的中小學生中，拉美裔人佔百分之三十一點四，黑人佔百分之八點九，亞裔人佔百分之十一。在紐約州，目前少數民族的中小學生爲百分之四十，在十年內可達百分之五十。

美國是個移民國家，過去是歐洲移民佔絕對多數，近幾十年則發生了變化。有人說，"美國曾是歐洲的縮影，現在則是世界的縮影"。美國人的"棕色化"將對美國社會從政治、經濟、教育到價值觀和文化產生重大影響。

在政治經濟方面，有人認爲美國少數民族將要求分享更多利益和權力，形成新的政治聯盟。到了二十一世紀，以白人爲主的和以非白人及拉美裔人爲主的工作者之間將出現利益衝突。移民法和反種族歧視法之間的對立可能尖銳化，以白人爲主的管理層和以少數民族爲主的職工層之間更容易發生衝突。

在文化教育方面，少數民族保持原語言的趨勢在加強，出現了反對以英語爲唯一官方語言的聲音。在人文科學上，有人反對以希臘、拉丁和西歐經典爲本的人文教育，稱之爲"文化帝國主義"。在價值觀上，有人認爲，任何健全社會都需要有一套社會普遍認同的價值觀，由於美國人口種族民族結構變化，以西方價值爲主的作法已適應不了文化背景日趨歧異的現狀。

不管人們願意看到還是不願意看到，在美國，一個日益明顯的多種族社會已經是一個現實，它已經存在，而且不可避免地是美國的未來。

《人民日报》海外版一九九〇年四月十七日

# （八）
## 美国人的"黑白鸿沟"
### 陈封

美国黑人经过两百多年的斗争,才在二十五年前迫使国会通过了一个保障黑人享有和白人同样的政治和经济权利的"民权法案"。但是法律条文远远不能体现在美国的实际社会生活中。

美国现有三千一百万黑人,占全国人口总数的百分之十二,是全国最大的少数民族。大多数黑人认为白人一直在千方百计地把黑人压在社会底层。

英国《经济学家》周刊在三月初刊载了一篇关于美国黑人现况的文章。其中列举了一些数字,颇能说明这冷酷的现实:黑人失业的可能性比白人大一倍;黑人家庭平均收入只相当于白人家庭平均收入的百分之五十六;每三个黑人就有一个生活在官方规定的贫困线以下,而每十个白人才有一个是贫困者;一岁以下的黑人婴儿死亡率比白人婴儿高一倍;监狱中的犯人,黑人几乎占了半数,另一半为白人和比率相当高的其他少数民族;黑人被害的可能性比白人高六倍。

《人民日報》海外版一九九〇年四月十七日

# （八）
## 美國人的"黑白鴻溝"
### 陳封

　　美國黑人經過兩百多年的鬥爭,才在二十五年前迫使國會通過了一個保障黑人享有和白人同樣的政治和經濟權利的"民權法案"。但是法律條文遠遠不能體現在美國的實際社會生活中。

　　美國現有三千一百萬黑人,佔全國人口總數的百分之十二,是全國最大的少數民族。大多數黑人認爲白人一直在千方百計地把黑人壓在社會底層。

　　英國《經濟學家》週刊在三月初刊載了一篇關於美國黑人現況的文章。其中列舉了一些數字,頗能說明這冷酷的現實: 黑人失業的可能性比白人大一倍; 黑人家庭平均收入只相當于白人家庭平均收入的百分之五十六; 每三個黑人就有一個生活在官方規定的貧困綫以下,而每十個白人才有一個是貧困者; 一歲以下的黑人嬰兒死亡率比白人嬰兒高一倍; 監獄中的犯人,黑人幾乎佔了半數,另一半爲白人和比率相當高的其他少數民族; 黑人被害的可能性比白人高六倍。

第二次世界大战前,绝大多数黑人都生活在美国南部各州。战后,大批黑人向北迁徙,涌入城市谋生,从而使北部一些大城市的人口结构发生了巨大的变化。由于经济形势的变化,加上肤色问题,黑人在城市谋生的道路越来越窄,于是成千上万地沦为城市贫民。

近半个世纪以来,的确也有为数不多的黑人在事业上获得了成功。例如黑人获准拥有选举和被选举权以后,已有三百个黑人当选为市长,其中包括像纽约和芝加哥这样的大城市。黑人也能当大学教授,能当挣大钱的职业运动员,能当将军,甚至杰西.杰克逊还竞选过总统候选人等等。然而,这仅仅反映出美国社会的一个侧面,总体看来,黑人群众在美国社会中的处境并没有多少实质性的改善。

在今日美国,尽管宪法已消除了种族歧视的色彩,但在实际生活中,黑白分明的种族歧视现象仍然是无所不在的。一个主要的原因是美国社会中还存在着很多歧视黑人的偏见,认为黑人智力低、肮脏、粗鲁、生性喜欢干坏事或犯罪等等。这种观念造成了许多怪现象:白人可以和黑人共事,但很少交朋友和一同玩耍;也不愿和黑人家庭在一个社区内共处;在公共场所和社会活动场合,白人不愿接近黑人;黑人居住区的环境改善是主管部门的白人最后考虑的问题,因此任何黑第二次世界大戰前,絕大多數黑人都生活在美國南部各州。戰後,大批黑人向北遷徙,湧入城市謀生,從而使北部一些大城市的人口結構發生了巨大的變化。由於經濟形勢的變化,加上膚色問題,黑人在城市謀生的道路越來越窄,於是成千上萬地淪爲城市貧民。

近半個世紀以來,的確也有爲數不多的黑人在事業上獲得了成功。例如黑人獲準擁有選舉和被選舉權以後,已有三百個黑人當選爲市長,其中包括像紐約和芝加哥這樣的大城市。黑人也能當大學教授,能當挣大錢的職業運動員,能當將軍,甚至杰西.杰克遜還競選過總統候選人等等。然而,這僅僅反映出美國社會的一個側面,總體看來,黑人群衆在美國社會中的處境並沒有多少實質性的改善。

在今日美國,盡管憲法已消除了種族歧視的色彩,但在實際生活中,黑白分明的種族歧視現象仍然是無所不在的。一個主要的原因是美國社會中還存在着很多歧視黑人的偏見,認爲黑人智力低、骯髒、粗魯、生性喜歡幹壞事或犯罪等等。這種觀念造成了許多怪現象: 白人可以和黑人共事,但很少交朋友和一同玩耍;也不願和黑人家庭在一個社區内共處;在公共場所和社會活動場合,白人不願接近黑人;黑人居住區的環境改善是主管部門的白人最後考慮的問題,因此任何黑人区都是破烂、肮脏和混乱的"被遗忘的角落"。

黑人受到高等教育的机会也比白人少得多,除了种族偏见外,黑人家庭的子弟还因交不起上万元的学费而被排斥在校外,所以全国各大学的黑人学生现在只占总学生人数的百分之三点五。中学教师也多半对黑人学生缺乏教导的热情,更多的黑人学龄儿童则在街头流浪。

总之,美国的种族歧视到今天仍然存在,不是任何充满美丽词藻的法律条文和"人权"或"民主"的招牌所能掩盖得了的。

讨论题:

1. 黑人地位比白人低,这是不是一个单纯的歧视问题?

2. 一般来说,黑人的生活比白人差,这是政府的责任,还是个人的责任?

3. 你认为怎么样才能提高黑人的社会地位?

　　　　a. 给黑人更多的保护,救济?

　　　　b. 大家公平竞争,谁也没有特别的保护?

4. 保护,救济的本身是不是一种歧视?

人區都是破爛、骯髒和混亂的"被遺忘的角落"。

　　黑人受到高等教育的機會也比白人少得多,除了種族偏見外,黑人家庭的子弟還因交不起上萬元的學費而被排斥在校外,所以全國各大學的黑人學生現在只佔總學生人數的百分之三點五。中學教師也多半對黑人學生缺乏教導的熱情,更多的黑人學齡兒童則在街頭流浪。

　　總之,美國的種族歧視到今天仍然存在,不是任何充滿美麗詞藻的法律條文和"人權"或"民主"的招牌所能掩蓋得了的。

討論題:

1. 黑人地位比白人低,這是不是一個單純的歧視問題?

2. 一般來說,黑人的生活比白人差,這是政府的責任,還是個人的責任?

3. 你認爲怎麽樣才能提高黑人的社會地位?

　　　　a. 給黑人更多的保護,救濟?

　　　　b. 大家公平競爭,誰也沒有特別的保護?

4. 保護,救濟的本身是不是一種歧視?

# 生 詞

| | | | |
|---|---|---|---|
| 鴻溝 | 鸿沟 | hónggōu | chasm, wide gap |
| 經過 | 经过 | jīngguò | to undergo; after; through |
| 鬥爭 | 斗争 | dòuzhēng | struggle |
| 迫使 | | pòshǐ | to force |
| 國會 | 国会 | guóhuì | Congress |
| 通過 | 通过 | tōngguò | to adopt/carry a motion |
| 保障 | | bǎozhàng | to guarantee |
| 享有 | | xiǎngyǒu | to have, to enjoy |
| 經濟 | 经济 | jīngjì | economic |
| 權力 | 权力 | quánlì | rights |
| 民權 | 民权 | mínquán | civil rights |
| 法案 | | fǎàn | bill, proposed law |
| 法律條文 | 法律条文 | fǎlǜtiáowén | legal clause |
| 遠遠不能 | 远远不能 | yuǎnyuǎnbùnéng | to be far from |
| 體現 | 体现 | tǐxiàn | to incarnate, reflect |
| 實際 | 实际 | shíjì | real |

| | | | |
|---|---|---|---|
| 人口總數 | 人口总数 | rénkǒuzǒngshù | total population |
| 少數民族 | 少数民族 | shǎoshùmínzú | minority |
| 認爲 | 认为 | rènwéi | to think |
| 一直 | | yìzhí | all along, always |
| 千方百計 | 千方百计 | qiānfāngbǎijì | by every possible means |
| 壓 | 压 | yā | to weigh upon; to press down |
| 底層 | 底层 | dǐcéng | bottom |
| 經濟學家 | 经济学家 | jīngjìxuéjiā | economist |
| 週刊 | 周刊 | zhōukān | weekly publication |
| …初 | | chū | the beginning of ... |
| 刊載 | 刊载 | kānzǎi | to publish |
| 關於 | 关於 | guānyú | about, on |
| 現況 | 现况 | xiànkuàng | present condition |
| 文章 | | wénzhāng | article |
| 其中 | | qízhōng | in which |
| 列舉 | 列举 | lièjǔ | to enumerate |
| 頗 | 颇 | pō | rather (expressively) |
| 冷酷 | | lěngkù | grim |
| 現實 | 现实 | xiànshí | reality |
| 失業 | 失业 | shīyè | unemployment |

| | | | |
|---|---|---|---|
| 可能性 | | kěnéngxìng | possibility |
| -倍 | | -bèi | (number)-fold; times |
| 平均 | | píngjūn | average |
| 收入 | | shōurù | income |
| 相當於 | 相当於 | xiāngdāngyú | to be equal to |
| 官方 | | guānfāng | official |
| 規定 | 规定 | guīdìngde | stipulated |
| 貧困綫 | 贫困线 | pínkùnxiàn | the verge (brink) of poverty |
| 嬰兒 | 婴儿 | yīngér | infant |
| 死亡率 | | sǐwánglǜ | mortality, death rate |
| 監獄 | 监狱 | jiānyù | jail |
| 犯人 | | fànrén | prisoner |
| 幾乎 | 几乎 | jīhū | almost, nearly |
| 爲 | 为 | wéi | 是 |
| 比率 | | bǐlǜ | ratio |
| 相當 | 相当 | xiāngdāng | rather |
| 其他 | | qítā | other |
| 第二次 | 第二次 | dìèrcì | The Second World War |
| 世界大戰 | 世界大战 | shìjièdàzhàn | |
| 絕大多數 | 绝大多数 | juédàduōshù | the overwhelming majority |

| | | | |
|---|---|---|---|
| 大批 | | dàpī | in a great number |
| 遷徙 | 迁徙 | qiānxǐ | to move, to migrate |
| 湧入 | 涌入 | yǒngrù | to swarm in |
| 謀生 | 谋生 | móushēng | to make a living |
| 從而 | 从而 | cóngér | thus |
| 結構 | 结构 | jiégòu | structure |
| 巨大 | | jùdà | tremendous |
| 形勢 | 形势 | xíngshì | situation |
| 膚色 | 肤色 | fūsè | skin color |
| 道路 | | dàolù | road, way |
| 窄 | | zhǎi | narrow |
| 於是 | 于是 | yúshì | consequently |
| 成千上萬 | 成千上万 | chéngqiānshàngwàn | thousands upon thousands |
| 淪爲 | 沦为 | lúnwéi | to be reduced to |
| 世紀 | 世纪 | shìjì | century |
| 的確 | 的确 | díquè | indeed |
| 爲數不多 | 为数不多 | wéishùbùduō | a small number of |
| 事業 | 事业 | shìyè | cause, goal |
| 獲得 | 获得 | huòdé | to achieve |
| 成功 | | chénggōng | success |

| | | | |
|---|---|---|---|
| 例如 | | lìrú | for example |
| 獲準 | 获准 | huòzhǔn | to be permitted to |
| 擁有 | 拥有 | yōngyǒu | to have |
| 選舉 | 选举 | xuǎnjǔ | to vote |
| 當選 | 当选 | dāngxuǎn | to be elected |
| 市長 | 市长 | shìzhǎng | mayor |
| 包括 | | bāokuò | to include |
| 當 | 当 | dāng | to be, to serve as |
| 教授 | | jiàoshòu | professor |
| 掙錢 | 挣钱 | zhèngqián | to earn money |
| 職業 | 职业 | zhíyè | professional |
| 運動員 | 运动员 | yùndòngyuán | sportsman |
| 將軍 | 将军 | jiāngjūn | general(military) |
| 甚至 | | shènzhì | even |
| 杰西.杰克遜 | 杰西.杰克逊 | Jiéxī Jiékèxùn | Jesse Jackson |
| 競選 | 竞选 | jìngxuǎn | to campaign for; to run for |
| 總統 | 总统 | zǒngtǒng | president |
| 候選人 | 候选人 | hòuxuǎnrén | candidate |
| 然而 | | ránér | but |
| 僅僅 | 仅仅 | jǐnjǐn | only |

| | | | |
|---|---|---|---|
| 反映 | | fǎnyìng | to reflect |
| 側面 | 侧面 | cèmiàn | side, (one) aspect |
| 總體 | 总体 | zǒngtǐ | overall |
| 群眾 | 群众 | qúnzhòng | the masses |
| 處境 | 处境 | chǔjìng | plight |
| 實質性 | 实质性 | shízhìxìng | substantive |
| 改善 | | gǎishàn | improvement |
| 儘管 | 尽管 | jǐnguǎn | although |
| 憲法 | 宪法 | xiànfǎ | constitution |
| 消除 | | xiāochú | to eliminate |
| 種族歧視 | 种族歧视 | zhǒngzúqíshì | racial discrimination |
| 色彩 | | sècǎi | color, tint |
| 黑白分明 | | hēibáifēnmíng | as distinguishable as black and white |
| 仍然 | | réngrán | still, yet |
| 無所不在 | 无所不在 | wúsuǒbúzài | omnipresent |
| 存在 | | cúnzài | to exist |
| 偏見 | 偏见 | piānjiàn | prejudice |
| 智力 | | zhìlì | intelligence |
| 骯髒 | 肮脏 | āngzāng | dirty |
| 粗魯 | 粗鲁 | cūlǔ | rude |

| | | | |
|---|---|---|---|
| 生性 | | shēngxìng | to be born ... |
| 幹 | 干 | gàn | to do |
| 觀念 | 观念 | guānniàn | opinion |
| 造成 | | zàochéng | to bring about |
| 共事 | | gòngshì | to work together |
| 交朋友 | | jiāopéng.you | to make friends |
| 玩耍 | | wánshuǎ | to play |
| 社區 | 社区 | shèqū | community |
| 共處 | 共处 | gòngchǔ | to coexist |
| 公共場所 | 公共场所 | gōnggòngchǎngsuǒ | public places |
| 場合 | 场合 | chǎnghé | place;area;situation |
| 接近 | | jiējìn | to be close to |
| 居住區 | 居住区 | jūzhùqū | residential district |
| 環境 | 环境 | huánjìng | environment |
| 主管部門 | 主管部门 | zhǔguǎnbùmén | agency responsible for |
| 考慮 | 考虑 | kǎolǜ | to consider |
| 破爛 | 破烂 | pòlàn | tattered |
| 混亂 | 混乱 | hùnluàn | chaotic |
| 遺忘 | 遗忘 | yíwàng | to forget |
| 角落 | | jiǎoluò | corner |

| | | | |
|---|---|---|---|
| 高等教育 | | gāoděngjiàoyù | higher education |
| 機會 | 机会 | jīhuì | opportunity |
| 子弟 | | zǐdì | children; kids |
| 交不起 | | jiāobùqǐ | can't afford |
| 學費 | 学费 | xuéfèi | tuition |
| 排斥 | | páichì | to reject |
| 缺乏 | | quēfá | to lack |
| 熱情 | 热情 | rèqíng | enthusiasm |
| 學齡兒童 | 学龄儿童 | xuélíngértóng | school-aged children |
| 則 | 则 | zé | therefore |
| 流浪 | | liúlàng | to roam (about) |
| 總之 | 总之 | zǒngzhī | in a word |
| 充滿 | | chōngmǎn | full of |
| 詞藻 | 词藻 | cízǎo | ornate diction |
| 民主 | | mínzhǔ | democracy |
| 招牌 | | zhāopái | signboard |
| 掩蓋 | 掩盖 | yǎn'gài | to cover up |

# 美國人的 "黑白鴻溝"

## 詞語例句

1. 關於　　　　　　　　　　about…;　　on…;　　concerning…

   * 英國《經濟學家》週刊在三月初刊載了一篇關於美國黑人現況的文章。

   1) 鄧小平關於建設有中國特色的社會主義的理論許多人並不贊成。

   Many people really do not approve of Deng Xiaoping's theory on constructing a brand of socialism with Chinese characteristics.

   2) 海峽兩岸的中國人都在談論關於中國統一的問題。

   The Chinese on both sides of the Taiwan Straits are all discussing the issue of national reunification.

2. A 相當於 B　　　　　　A is equal to/analogous to  B

   * 黑人家庭的平均收入只相當於白人家庭的百分之五十六。

   1) 中國的省相當於美國的州。

   The provinces of China are analogous to the states of the U.S.

   2) 這些美國學生的中文水平已經相當於中國高中生的中文水平了。

   The Chinese level of these American students is already equal to that of a Chinese high-school student.

3. …從而… = …因此…,　as a result; …thus… (Note:　mostly used with a desireable or neutral result).

   * 大批黑人向北遷徙,…,從而使北部一些大城市的人口結構發生了巨大的變化。

1） 由於增加了大量的警察,從而大大地降低了城市的犯罪率。

The number of policemen has increased, thus the crime rate of this city has greatly decreased.

2） 大運河的開建,把北京和杭州連接了起來,從而使中國南北的交通和文化的交流得到了發展。

The construction of the Grand Canal connected Beijing and Hangzhou, resulting in the development of transportation and cultural exchange between the north and the south.

4.…於是…　　　　　…, as a result…; …consequently…

* 黑人在城市謀生的道路越來越窄,於是成千上萬地淪爲城市貧民。

1） 他結了婚,又找到了工作,於是對生活充滿了信心。

He got married and got a good job; consequently, he became confident in everything he did.

2） 經濟不景氣,失業人數越來越多,於是無家可歸的人也越來越多。

Because of the economic recession, and increasing unemployment, there are more and more homeless people.

5. 近　Time duration　以來,…　　　　in the recent Time Duration

* 近半個世紀以來,的確也有爲數不多的黑人在事業上獲得了成功。

1） 近兩個禮拜以來,…。

In the past two weeks,....

2） 近三個月以來,…。

In the past three months,....

3） 近幾年以來,…。

In recent years,....

6. 儘管⋯, 但（是）⋯　　　　　　　　although⋯,（but）⋯

* 儘管憲法已消除了種族歧視的色彩,但在實際生活中,⋯。

1） 儘管他掙的錢不算多,但還能維持一家人的生活。

Although he doesn't earn a lot of money, he can still support his whole family.

2） 儘管你的學歷不錯,但沒有工作經驗要找工作也不容易。

Although your academic background is not bad, it will still be hard for you to find a job without working experience.

1.寫出畫中的人可能會説的話。

2.詳細地説一説這幅畫是甚麼意思。

3.根據你自己的理解給這幅畫寫一個標題。

# 插頁閱讀練習（五）

《人民日報》海外版一九九一年十一月七日

□ 孫 夜 曉〔美國佐治亞州麥斯大學〕

# 美國的"種族問題"

來美國後和美國朋友交談，他們經常引以爲豪的話題是，美國的民主、平等和自由。這些字眼的確明明白白地寫進了美國憲法，而且也表現在生活的一些方面。然而，當眞正對美國社會有了一些瞭解後，實際生活中的民主、平等和自由遠不如字面和口頭上標榜的那麼榮耀。比如說美國的"種族問題"或者說"黑人問題"就是一例。

"黑人問題"在美國由來已久，佔總人口大約十分之一的黑人，由於歷史的原因總體上一直處於美國社會的底層地位，黑人在就業、選舉、醫療、升學、職業保障、提升等各個方面得不到公正、合理的待遇，不能享受與白人平等的權利。因此，黑人爲爭取自身權利和生存的鬥爭時起時伏。六十年代曾多次爆發少數白人恐怖主義分子和黑人的流血事件，比如一九六四年三位黑人爲爭取民權而在密西西比州遭暗殺。雖然在廣大黑人的抗爭下，美國議會經過長達七十五天的激烈辯論，於一九六四年通過了民權法，然而，"黑人問題"始終沒有根本解決。

在美國二千九百萬黑人中大約有九百萬生活在貧困綫以下，他們多數靠吃救濟生活。許多黑人因對生活喪失信心，而沉溺於吸毒、酗酒、暴力和各種犯罪活動，疾病、貧困、死亡以及生活沒有安全感時時在困擾着他們。據統計，黑人嬰兒死亡率高於白人嬰兒死亡率百分之五十。僅一九八四年就有一萬一千黑人嬰兒由於各種原因死亡。根據調查，十五至四十四歲的美國黑人男子的死亡原因槍殺名列榜首，其數字遠遠大於癌症死亡。以芝加哥市爲例，七十年代每十個凶殺死亡者有七個是黑人。美國黑人的教育問題也很突出，在一些大城市的黑人高中學生中輟學率達到百分之五十，許多黑人孩子甚至不能講最簡單的英語。

對"黑人問題"的原因，美國社會一直爭論不休，衆說紛紜。不少學者認爲造成"黑人問題"的根本原因在於社會不公正。在白人佔主導地位的社會裏，黑人並沒有獲得同等競爭的機會，"種族歧視"依然存在。另外，黑人長期生活在貧困綫下，落後的生活環境，傳統的生活方式，精神生活的貧乏……也是一些學者的解釋原因。但無論怎麼講，美國的"黑人問題"是現實存在，它相對於"民主、自由、平等"這些響亮的口號總顯得是那麼不協調。

人 民 日 報 (海外版)

# 美國人的"黑白鴻溝"

陳 封

美國黑人經過二百多年的鬥爭，才在二十五年前迫使國會通過了一個保障黑人享有和白人同樣政治和經濟權利的"民權法案"。但是法律條文遠遠不能體現在美國的實際社會生活中。

美國現有三千一百萬黑人，佔全國人口總數的百分之十二，是全國最大的少數民族。大多數黑人認爲白人一直在千方百計地把黑人壓在社會底層。

英國《經濟學家》週刊在三月初刊載了一篇關於美國黑人現況的文章。其中列舉一些數字，頗能說明這冷酷的現實，黑人失業的可能性比白人大一倍；黑人家庭平均收入只相當於白人家庭平均收入的百分之五十六；每三個黑人就有一個生活在官方規定的貧困綫下，而每十個白人才有一個是貧困者；一歲以下的黑人嬰兒死亡率比白人嬰兒高一倍；監獄中的犯人，黑人幾乎佔了半數，另一半爲白人和比率相當高的其他少數民族；黑人被殺害的可能性比白人高六倍。

第二次世界大戰前，絕大多數黑人都生活在美國南部各州。戰後，大批黑人向北遷徙，湧入城市謀生，從而使北部一些大城市的人口結構發生巨大的變化。由於經濟形勢的變化，加上膚色問題，黑人在城市謀生的道路越來越窄，於是成千上萬地淪爲城市貧民。市中心的黑人貧民區逐漸成爲藏污納垢之所，白人在每個黑人周圍都設置了有形的和無形的藩籬，黑人更難和白人平等相處了。

近半個世紀以來，確也有爲數不多的黑人在事業上獲得了成功。例如黑人獲准擁有選舉和被選舉權以後，已有三百個黑人當選爲市長，其中包括像紐約和芝加哥這樣的大城市。黑人也能當大學教授，能當掙大錢的職業運動員，能當將軍，甚至傑西·傑克遜還競選過總統候選人等等。然而，這僅僅反映美國社會的一個側面，總體看來，黑人群衆在美國社會中的處境並沒有多少實質性的改善。

在今日美國，儘管憲法已消除了種族歧視的色彩，但實際生活中黑白分明的種族歧視現象仍是無所不在的。一個主要的原因是美國社會中還存在着很多歧視黑人的偏見，認爲黑人智力低、骯髒、粗魯、生性喜歡幹壞事或犯罪等等。這種觀念造成了許多怪現象，白人可以和黑人共事，但很少交朋友和一同玩耍，也不願和黑人家庭在一個社區內共處；在公共場所和社會活動場合，白人不願接近黑人；黑人居住區的環境改善是主管部門的白人最後考慮的問題，因此任何黑人區都是破爛、骯髒和混亂的"被遺忘角落"。

黑人受到高等教育的機會也比白人少得多，除了種族偏見外，黑人家庭的子弟因交不起上萬美元的學費而排斥在校外，所以全國各大學的黑人學生現在只佔總學生人數的百分之三點五。中學教師也多半對黑人學生缺乏教導的熱情，更多的黑人學齡兒童則在街頭流浪。

總之，美國的種族歧視迄今仍是非常刺目的客觀存在，不是任何充滿美麗詞藻的法律條文和"人權"或"民主"招牌所能掩蓋得了的。

《人民日报》海外版一九九〇年二月二十八日

（九）

## 黑白岂能颠倒

南浦云

　　美国国务院今年的"人权报告"在"人权"、"自由"的名目下严厉指责我国的人口政策说:计划生育是一项"具有高度侵犯性的政策"。美国政府这种批评完全是胡说。

　　大家都知道,中国是世界上人口最多的国家。去年年底我国人口为十一点一一九一亿人。中国以百分之七的世界耕地养活百分之二十三的世界人口,这是了不起的成就。同时,人口太多对现代化是不利的。从这个事实来看,中国政府制定了计划生育政策,并把控制人口增长作为发展的目标之一是绝对正确的。

　　现在世界人口已经达到了五十二亿,人口膨胀已成为全球性的问题。中国人口占世界人口四分之一,如果中国能够很好地控制人口增长,对改善世界人口状况也是一个贡献。因此,中国的计划生育政策一向得到联合国的赞扬。

　　联合国人口基金会就表示过:"中国在把人口方

《人民日報》海外版一九九〇年二月二十八日

# （九）
## 黑白豈能顛倒
### 南浦雲

美國國務院今年的"人權報告"在"人權"、"自由"的名目下嚴厲指責我國的人口政策説: 計劃生育是一項"具有高度侵犯性的政策"。美國政府這種批評完全是胡説。

大家都知道,中國是世界上人口最多的國家。去年年底我國人口爲十一點一一九一億人。中國以百分之七的世界耕地養活百分之二十三的世界人口,這是了不起的成就。同時,人口太多對現代化是不利的。從這個事實來看,中國政府制定了計劃生育政策,並把控制人口增長作爲發展的目標之一是絕對正確的。

現在世界人口已經達到了五十二億,人口膨脹已成爲全球性的問題。中國人口佔世界人口四分之一,如果中國能够很好地控制人口增長,對改善世界人口狀況也是一個貢獻。因此,中國的計劃生育政策一向得到聯合國的贊揚。

聯合國人口基金會就表示過:"中國在把人口方

案和国家发展目标相结合方面,为世界提供了出色的榜样。""国际计划生育联合会"也认为:"中国是根据自己的经济状况、社会福利和本身的环境来决定自己的生育政策、计划生育工作方法和生育数量的,这是中国的内政,别国和任何一个国际组织都不应该任意干涉和指责。"美国康奈尔大学人口发展计划主任写信给《纽约时报》说:"中国的计划生育政策缓和了世界人口的压力,全世界都应该感激中国为减缓世界人口增长作出的贡献"。

美国政府对中国计划生育政策的诽谤攻击并不是从今天才开始的。一九八五年以来,美国就以反对堕胎为理由拒绝向联合国人口基金会提供经费,要求这个组织停止对中国的援助。有些美国人,只要一有机会,就利用这个问题攻击中国政府。他们这样做,到底是为了什么呢?一方面,他们是无知,要把自己的价值观念强加给中国政府和人民。另一方面,当然有政治上的目的。

从来不向外来压力屈服的中国政府和人民将沿着自己制定的计划生育政策继续前进。

案和國家發展目標相結合方面,爲世界提供了出色的榜樣。""國際計劃生育聯合會"也認爲:"中國是根據自己的經濟狀況、社會福利和本身的環境來決定自己的生育政策、計劃生育工作方法和生育數量的,這是中國的內政,別國和任何一個國際組織都不應該任意干涉和指責。"美國康奈爾大學人口發展計劃主任寫信給《紐約時報》說:"中國的計劃生育政策緩和了世界人口的壓力,全世界都應該感激中國爲減緩世界人口增長作出的貢獻"。

美國政府對中國計劃生育政策的誹謗攻擊並不是從今天才開始的。一九八五年以來,美國就以反對墮胎爲理由拒絕向聯合國人口基金會提供經費,要求這個組織停止對中國的援助。有些美國人,只要一有機會,就利用這個問題攻擊中國政府。他們這樣做,到底是爲了甚麼呢?一方面,他們是無知,要把自己的價值觀念强加給中國政府和人民。另一方面,當然有政治上的目的。

從來不向外來壓力屈服的中國政府和人民將沿着自己制定的計劃生育政策繼續前進。

讨论题:

1. 为了控制人口的增长,中国政府强迫堕胎的政策是中国的内政问题,还是人道问题?

2. 生几个孩子是个人问题还是社会问题?政府应不应该干涉?

3. 中国政府应不应该有人口政策?在你看来,什么样的政策才是合理的政策?

討論題:

1.爲了控制人口的增長,中國政府强迫墮胎的政策是中國的内政問題,還是人道問題?

2.生幾個孩子是個人問題還是社會問題?政府應不應該干涉?

3.中國政府應不應該有人口政策?在你看來,甚麽樣的政策才是合理的政策?

# 生詞

| | | | |
|---|---|---|---|
| 豈能 | 岂能 | qǐnéng | how could it be (it can not be) |
| 顛倒 | 颠倒 | diāndǎo | to confound; to reverse |
| 國務院 | 国务院 | guówùyuàn | the State Department |
| 人權 | 人权 | rénquán | human rights |
| 報告 | 报告 | bàogào | a report |
| 自由 | | zìyóu | freedom |
| 名目 | | míngmù | pretense; guise, name |
| 嚴厲 | 严厉 | yánlì | severely |
| 指責 | 指责 | zhǐzé | to criticize |
| 人口 | | rénkǒu | population |
| 政策 | | zhèngcè | policy |
| 計劃生育 | 计划生育 | jìhuàshēngyù | birth control |
| 項 | 项 | xiàng | AN for policy or project |
| 具有 | | jùyǒu | to possess; to have |

| | | | |
|---|---|---|---|
| 高度 | | gāodù | a high degree of; highly |
| 侵犯性 | | qīnfànxìng | encroachment |
| 政府 | | zhèngfǔ | government |
| 批評 | 批评 | pīpíng | criticism |
| 胡説 | 胡说 | húshuō | sheer nonsense |
| 耕地 | | gēngdì | cultivated land |
| 養活 | 养活 | yǎnghuó | to support; to feed |
| 了不起 | | liǎobùqǐ | amazing |
| 成就 | | chéngjìu | achievement |
| 現代化 | 现代化 | xiàndàihuà | modernization |
| 不利 | | búlì | disadvantageous |
| 事實 | 事实 | shìshí | fact |
| 制定 | | zhìdìng | to formulate |
| 控制 | | kòngzhì | to control |
| 增長 | 增长 | zēngzhǎng | to increase |
| 把…作爲 | 把…作为 | bǎ … zuòwéi | to take … as … |
| 發展 | 发展 | fāzhǎn | to develop |
| 目標 | 目标 | mùbiāo | a target |
| 絶對 | 绝对 | juédùi | absolutely |
| 正確 | 正确 | zhèngquè | correct |

| | | | |
|---|---|---|---|
| 達到 | 达到 | dádào | to reach |
| 膨脹 | 膨胀 | péngzhàng | expansion |
| 成爲 | 成为 | chéngwéi | to become |
| 全球性 | | quánqiúxìng | global |
| 改善 | | gǎishàn | to improve |
| 狀況 | 状况 | zhuàngkuàng | condition |
| 貢獻 | 贡献 | gòngxiàn | contribution |
| 一向 | | yíxiàng | always |
| 聯合國 | 联合国 | liánhéguó | United Nations |
| 贊揚 | 赞扬 | zànyáng | to praise |
| 基金 | | jījīn | fund |
| 表示 | | biǎoshì | to indicate |
| 把···和··· ···相結合 | 把···和··· ···相结合 | bǎ...hé...xiāngjié hé | to combine ... with ... |
| 提供 | | tígōng | to provide; (here) to set up |
| 出色 | | chūsè | outstanding |
| 榜樣 | 榜样 | bǎngyàng | example |
| 國際 | 国际 | guójì | international |
| 聯合會 | 联合会 | liánhéhuì | association |
| 認爲 | 认为 | rènwéi | to think |
| 根據 | 根据 | gēnjù | according to |

| | | | |
|---|---|---|---|
| 經濟 | 经济 | jīngjì | economic |
| 福利 | | fúlì | benefits |
| 本身 | | běnshēn | itself |
| 環境 | 环境 | huánjìng | environment |
| 數量 | 数量 | shùliàng | quantity; number |
| 內政 | | nèizhèng | internal affairs |
| 組織 | 组织 | zǔzhī | organization |
| 任意 | | rènyì | willfully |
| 干涉 | | gānshè | to interfere |
| 指責 | 指责 | zhǐzé | to criticize |
| 康奈爾大學 | 康奈尔大学 | Kāngnàiěrdàxué | Cornell University |
| 主任 | | zhǔrèn | director |
| 紐約時報 | 纽约时报 | Niǔyuēshíbào | New York Times |
| 緩和 | 缓和 | huǎnhé | to mitigate |
| 壓力 | 压力 | yālì | pressure |
| 感激 | | gǎnjī | to be grateful |
| 減緩 | 减缓 | jiǎnhuǎn | to alleviate |
| 誹謗 | 诽谤 | fěibàng | slander |
| 攻擊 | 攻击 | gōngjī | an attack |
| 反對 | 反对 | fǎnduì | to oppose |

| | | | |
|---|---|---|---|
| 墮胎 | 堕胎 | duòtāi | abortion |
| 以…爲理由 | 以…为理由 | yǐ ... wéiyóu | to take ... as a reason |
| 拒絕 | 拒绝 | jùjué | to refuse |
| 提供 | | tígōng | to offer |
| 經費 | 经费 | jīngfèi | funds |
| 停止 | | tíngzhǐ | to stop; to call off |
| 援助 | | yuánzhù | assistance |
| 機會 | 机会 | jīhuì | chance; opportunity |
| 利用 | | lìyòng | to use; to take advantage of |
| 價值觀念 | 价值观念 | jiàzhíguānniàn | set of values |
| 強加 | | qiángjiā | to impose ... on (somebody) |
| 屈服 | | qūfú | to yield; to surrender |
| 沿着 | | yánzhe | along |
| 繼續 | 继续 | jìxù | continuously |
| 前進 | 前进 | qiánjìn | to go forward; to advance |

# 黑白豈能顛倒

## 詞語例句

1. 在…的名目下　　　　　　　　　under the name of…
   * 美國國務院的"人權報告"在"人權"、"自由"的名目下嚴厲指責我國的人口政策。
   1）有人指責他們在"改革"、"開放"的名目下宣傳資產階級自由化。

      There are people criticizing them for promoting bourgeois liberalism under the name of reform and openness.
   2）在計劃生育的名目下強迫婦女墮胎是不人道的。

      It is inhumane to force women to have abortions in the name of birth control.
   3）美國常常在援助第三世界國家的名目下干涉別國內政。

      The United States is always intruding into other countries' internal affairs in the name of assisting third-world countries.

2. 以…＋V ＝ 用…＋V　　to v… with…;　　use… to V
   * 中國以百分之七的世界耕地養活百分之二十三的世界人口。
   1）中東戰爭中,美國以高技術武器打敗了伊拉克。

      During the war in the Middle East, the United States used high technology weapons to defeat Iraq.
   2）中國以有效的計劃生育政策控制人口增長。

      China uses effective birth control policies to control the increase of its population.

3. 對…有利/不利　　　　　　to be advantageous/disadvantageous to

* 人口太多對現代化是不利的。

1 ) 計劃生育政策對緩和人口的壓力有利。

The birth control policy is advantageous ( helps relieve ) to relieving population pressure.

2 ) 人口增長過快對國民經濟的發展不利。

The rapid increase in population is disadvantageous to the development of the national economy.

3 ) 這種教育方法對孩子的成長有沒有利?

Is this kind of education advantageous or disadvantageous to children's growth?

4. 從…來看　　　　　　　according to;　judging by

* 從這個事實來看,…。

1 ) 從全球的利益來看,中國政府的政策是正確的。

Taken from the point of view of the whole world, the Chinese government's policy is correct.

2 ) 從發展速度來看,中國仍屬於第三世界。

Considering the speed of her development, China still belongs to the third world.

5. 把/以…作爲…　　　　　　to take… as…

* 把控制人口的增長作爲發展的目標之一。

1 ) 這個研究所把控制艾滋病的蔓延作爲研究的方向。

The main goal of this research institute is to control the spread of AIDS.

2） 婦女們反對把墮胎作爲減緩人口增長的唯一方法。

Women object to the notion that abortion is the only way to control the population.

6. 爲/對…作出貢獻          to contribute to…

   \* 全世界都應該感激中國對減緩世界人口增長作出的貢獻。

1） 他下決心要爲中國走向民主自由而作出貢獻。

He is determined to contribute to China's march toward democracy and freedom.

2） 他爲科學技術的發展作出了很大的貢獻。

He has made great contributions to the progress of science and technology.

7. 向…（提供）…          to provide … to …

   \* 拒絕向聯合國人口基金會提供經費。

1） 他拒絕向警察局提供情報。

He refused to provide information to the police.

2） 你向我們提供的經費對我們幫助很大。

The funding that you provided is very helpful to us.

8. 到底（emphatic adverb）    QW+ on earth+ Subject+ V…?; V not V or …還是…
                                   (meaning "really"? )

   \* 他們這樣做, 到底是爲了甚麼呢?

1） 你這樣做到底是甚麼目的?

Why on earth are you doing it this way?

2） 你這樣做到底有沒有個人目的?

Are you doing this for personal reasons?

３） 你這樣做,到底是政治上的原因還是別的原因?

Are you doing this for political reasons, or for something else?

9. 一方面…, 另一方面…　　one aspect…, another aspect…; on the one hand…, on the other hand…

＊ 一方面,他們是無知,另一方面,當然有政治上的目的。

１） 孩子太多,一方面增加家庭負擔,另一方面對國家的發展也不利。

Having too many children not only increases the burden on the family, but it is detrimental to national development.

２） 經濟衰退,一方面是由於戰爭,另一方面是因爲政策錯誤。

One reason for the economic recession is the war, another is incorrect government policies.

３） 中國一方面要引進西方先進的科技,另一方面又要防止西方思想意識的侵入。

On the one hand, China wants to import advanced science and technology from the West;  on the other hand, she must prevent the invasion of Western ideology.

10. 從來…　　all along　　　　從來不/沒　never

＊ 從來不向外來壓力屈服的中國人民…。

１） 政府從來不提倡多生孩子。

The government never advocates having more children.

２） 這兒的紅綠燈從來沒發生過作用。

The traffic lights here have never worked.

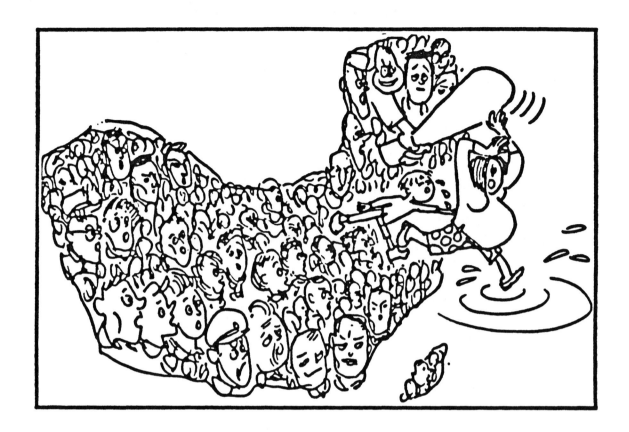

1.詳細地說明這幅畫的意思。

2.根據你自己的理解給這幅畫寫一個標題。

# 插頁閱讀練習(六)

《人民日報》海外版一九九一年三月一日

決不允許外國干涉中國內政

中國代表在聯合國人權會議上指出

新華社日內瓦二月二十七日電　中國代表今天在聯合國人權委員會第四十七屆會議發言，堅決拒絕少數外國人對中國司法機關審判參與北京暴亂而觸犯刑律的人而進行的指責。

中國代表團副代表王學賢在人權會上發言時嚴正指出，中國不干涉別國內政，也決不允許任何國家和國際組織干涉中國的內政。

王學賢說，一九八九年春夏之交，極少數人在北京挑起暴亂，企圖用暴力和恐怖手段推翻中國合法政府和憲法規定的社會主義制度。中國政府爲了保護人民生命財産，保障國家安全，維護社會秩序和法律尊嚴，採取果斷措施，平息了這場暴亂，這樣做完全是合法、正當和必要的。王學賢接着指出，這場暴亂的性質和眞相早已大白於天下，本無需再作任何說明，然而時至今日，仍有人借此做文章，少數人在人權會上發言中對中國司法機關審判參與北京暴亂而觸犯刑律的人橫加指責，這些指責的要害是鼓勵和袒護那些反對中國合法政府和企圖顚覆社會主義制度的人，因此構成了對中國內政的粗暴干涉。

王學賢認爲，任何國家都有責任維護本國的法律尊嚴，依法懲處觸犯刑律的犯罪分子。中國司法機關嚴格按照法律對違法犯罪人員進行審判，完全是其主權範圍內的正常事務，任何外國、國際組織或個人都無權干涉。

人民日報（海外版）

## 黑白豈能顛倒

南浦雲

美國國務院的"人權報告"，在"人權"、"自由"的幌子下對我國的人口政策橫加指責，誣衊計劃生育是一項"具有高度侵犯性的政策"。美國政府這種誣衊完全是信口雌黃。

衆所週知，我國人口居世界首位。國家統計局日前公佈的數字表明，去年末我國人口爲十一點一一九一億人。儘管我國以百分之七的世界耕地養活着百分之二十三的世界人口，成績舉世矚目，但人口的重負仍然是我國實現"四化"的不利因素之一。從這一國情出發，我國政府制訂了計劃生育政策，並把控制人口增長作爲發展戰略的目標之一。十多年來，我國政府和人民爲此進行了不懈的努力，取得了舉世公認的成就。

現在世界人口已達五十二億，人口膨脹已成爲全球性的需要迫切解決的問題。中國人口佔世界人口的近四分之一，如果中國能夠很好地控制人口增長，無疑對改善世界人口狀況是一個貢獻。因此，中國的計劃生育政策一向得到包括聯合國在內的許多國際機構和專家們的讚揚。

聯合國人口基金執行主任薩拉斯生前曾說："中國在把人口方案和國家發展目標相結合方面，爲世界提供了出色的榜樣。"國際計劃生育聯合會負責人坦布和巴蘭一致認爲：

"中國是根據自己的經濟狀況、社會福利和本身環境來決定自己的生育政策、計劃生育工作方法和生育數量的，這是中國的內政，別國或任何一個國際組織都不該任意干涉和橫加指責。"享有盛譽的美國康奈爾大學人口與發展計劃主任斯蒂康教授曾致函《紐約時報》說："中國的計劃生育政策緩解了世界人口壓力，全世界都應感激中國爲減緩世界人口增長所作出的貢獻。"

類似的評價不勝枚舉，難道日夜搜集世界情報的美國政府因爲對此無所聞才幹下這顛倒黑白的蠢事？

非也。美國政府對我計劃生育政策的誹謗攻擊並非始於今日。一九八五年以來，美國就以反對墮胎爲由拒絕向聯合國人口基金提供經費，妄圖迫使該組織停止對中國的援助。之後，只要一有機會，美國一些人就利用這一問題對我發動無端攻擊。美國如此行事，追求什麼目的呢？說輕點，他們是無知，力圖要把自己的價值觀念強加給中國政府和人民。對某些人來說則是居心叵測，他們是要以此作文章，蠱惑人心，達到他們不可告人的目的。

蚍蜉撼樹談何易。從來不會向外來壓力屈服的中國政府和人民將沿着自己制訂的計劃生育政策繼續前進。

《人民日报》海外版一九九一年三月七日

# （十）
## 海湾危机与短波收音机
### 新华社记者魏国强

　　自从海湾发生危机以来,尤其是战争开始以后,美国出现了短波收音机供不应求的现象。美国人抢购短波收音机,这确实是件新闻。

　　美国是个自认为新闻自由的国家,但是它有一条法律规定: 不许在国内建短波广播电台。因此,他的那些专门对外国听众广播的"纯粹宣传性"的短波电台全部设在国外,美国公众对这些宣传"美国精神"的电台每天都在说些什么似乎也不感兴趣。既然如此,许多人又为什么去买短波收音机呢?

　　根据美国的新闻理论,这种现象似乎可以用人们的"求知欲"来解释。但事实上,自一九九〇年八月二日海湾发生危机以来,美国的新闻媒体就开始大量报导有关情况,几家主要大报纸每天都要用将近十个版面刊登有关战争的报导和图片。在这样的情况下,用"求知"的概念来解释"短波收音机热",显然说不通。

《人民日報》海外版一九九一年三月七日

# （十）
## 海灣危機與短波收音機
### 新華社記者魏國強

自從海灣發生危機以來,尤其是戰爭開始以後,美國出現了短波收音機供不應求的現象。美國人搶購短波收音機,這確實是件新聞。

美國是個自認爲新聞自由的國家,但是它有一條法律規定: 不許在國内建短波廣播電台。因此,他的那些專門對外國聽衆廣播的"純粹宣傳性"的短波電台全部設在國外,美國公衆對這些宣傳"美國精神"的電台每天都在説些甚麽似乎也不感興趣。既然如此,許多人又爲甚麽去買短波收音機呢?

根據美國的新聞理論,這種現象似乎可以用人們的"求知欲"來解釋。但事實上,自一九九〇年八月二日海灣發生危機以來,美國的新聞媒體就開始大量報導有關情况,幾家主要大報紙每天都要用將近十個版面刊登有關戰爭的報導和圖片。在這樣的情况下,用"求知"的概念來解釋"短波收音機熱",顯然説不通。

美国《大众交流》杂志主编的一段话似乎说明了问题。他说,莫斯科、哈瓦那、土耳其、以色列、希腊、英国、德国以及其他国家的电台都在用纯正的英语报导这场战争,但是各自报导的角度不同。晚上听听他们的广播,"人们就可以思考很多问题","那些真正想了解情况的人认识到,有许许多多的信息没有被报导出来"。

美国几十万大军在前方作战,美国的新闻媒介不时报导战况,这也是合情合理的事。但是,他们在报导这些消息时,宣传的重点却是高技术武器的威力。至于美国以数百万吨各式炸弹对伊拉克的经济设施造成的巨大破坏,给伊拉克人带来的巨大伤亡和痛苦的镜头,却很少播放,而这一切又正是美国人民想知道的。美国的新闻报导缺少人们想了解的事实,一些人就到外国广播电台中去"求知",自然也就不足为奇了。

现在,战争基本上结束了。可是,人们对短波收音机的兴趣似乎并没有减退。在这个"人民有权知道一切"的国家里,人们要想了解事实的真相还必须听一听外国的报导。

（新华社华盛顿三月四日电）

　　美國《大衆交流》雜誌主編的一段話似乎說明了問題。他說,莫斯科、哈瓦那、土耳其、以色列、希臘、英國、德國以及其他國家的電台都在用純正的英語報導這場戰爭,但是各自報導的角度不同。晚上聽聽他們的廣播,"人們就可以思考很多問題","那些真正想了解情況的人認識到,有許許多多的信息沒有被報導出來"。

　　美國幾十萬大軍在前方作戰,美國的新聞媒介不時報導戰況,這也是合情合理的事。但是,他們在報導這些消息時,宣傳的重點却是高技術武器的威力。至於美國以數百萬噸各式炸彈對伊拉克的經濟設施造成的巨大破壞,給伊拉克人帶來的巨大傷亡和痛苦的鏡頭,却很少播放,而這一切又正是美國人民想知道的。美國的新聞報導缺少人們想了解的事實,一些人就到外國廣播電台中去"求知",自然也就不足爲奇了。

　　現在,戰爭基本上結束了。可是,人們對短波收音機的興趣似乎並沒有減退。在這個"人民有權知道一切"的國家裏,人們要想了解事實的真相還必須聽一聽外國的報導。　　　　（新華社華盛頓三月四日電）

讨论题:

1. 美国是不是一个有新闻自由的国家?

2. 美国的新闻和言论自由受不受战争的影响?

3. 言论自由应不应该受战争的影响?

討論題:

1. 美國是不是一個有新聞自由的國家?

2. 美國的新聞和言論自由受不受戰爭的影響?

3. 言論自由應不應該受戰爭的影響?

# 生 詞

| | | | |
|---|---|---|---|
| 海灣 | 海湾 | hǎiwān | bay; Persian Gulf (here) |
| 危機 | 危机 | wēijī | crisis |
| 短波 | | duǎnbō | shortwave |
| 收音機 | 收音机 | shōuyīnjī | radio |
| 發生 | 发生 | fāshēng | to take place, to occur |
| 戰爭 | 战争 | zhànzhēng | war |
| 出現 | 出现 | chūxiàn | to arise; to appear |
| 供不應求 | 供不应求 | gōngbuyìngqiú | demand exceeds supply |
| 現象 | 现象 | xiànxiàng | phenomenon |
| 搶購 | 抢购 | qiǎnggòu | to rush to purchase |
| 確實 | 确实 | quèshí | really |
| 自認爲 | 自认为 | zìrènwéi | to think that oneself is ... |
| 新聞自由 | 新闻自由 | xīnwénzìyóu | freedom of the press |
| 法律 | | fǎlǜ | law |

| | | | |
|---|---|---|---|
| 建 | | jiàn | to establish |
| 廣播電台 | 广播电台 | guǎngbōdiàntái | broadcasting or radio station |
| 因此 | | yīncǐ | therefore |
| 專門 | 专门 | zhuānmén | specially |
| 聽眾 | 听众 | tīngzhòng | audience |
| 純粹 | 纯粹 | chúncuì | pure |
| 宣傳 | 宣传 | xuānchuán | propaganda |
| …性 | | xìng | characteristics |
| 全部 | | quánbù | all |
| 設 | 设 | shè | to set up |
| 公眾 | 公众 | gōngzhòng | the public |
| 似乎 | | sìhū | it seems that; seemingly |
| 感興趣 | 感兴趣 | gǎnxìngqù | to be interested |
| 如此 | | rúcǐ | it is so, so |
| 根據 | 根据 | gēnjù | according to |
| 理論 | 理论 | lǐlùn | theory |
| 求知欲 | 求知欲 | qiúzhīyù | thirst, craving for knowledge |
| 解釋 | 解释 | jiěshì | to interpret |
| 事實上 | 事实上 | shìshíshàng | as a matter of fact |

| | | | |
|---|---|---|---|
| 媒體 | 媒体 | méitǐ | medium |
| 大量 | | dàliàng | in a big quantity |
| 報導 | 报导 | bàodǎo | to report |
| 有關 | 有关 | yǒuguān | relevant |
| 將近 | 将近 | jiāngjìn | nearly |
| 版面 | | bǎnmiàn | space of a whole page |
| 刊登 | | kāndēng | to print, to carry (in publications) |
| 圖片 | 图片 | túpiàn | pictures |
| 概念 | | gàinìan | concept |
| …熱 | …热 | …rè | intense popular interest in…, |
| 顯然 | 显然 | xiǎnrán | obvious |
| 說不通 | 说不通 | shuōbùtōng | cannot be explained rationally |
| 交流 | | jiāoliú | communication |
| 雜誌 | 杂志 | zázhì | magazine |
| 段 | | duàn | paragraph |
| 莫斯科 | | Mòsīkē | Moscow |
| 哈瓦那 | | Hāwǎnà | Havana |
| 土耳其 | | Tǔěrqí | Turkey |

| | | | |
|---|---|---|---|
| 以色列 | | Yǐsèliè | Israel |
| 希臘 | 希腊 | Xīlà | Greece |
| 純正 | 纯正 | chúnzhèng | pure, standard (here) |
| 場 | 场 | chǎng | AN for event |
| 角度 | | jiǎodù | angle |
| 思考 | | sīkǎo | to ponder, to think deeply |
| 了解 | | liǎojiě | to know, to understand |
| 認識 | 认识 | rènshí | to know |
| 信息 | | xìnxī | news, information |
| 大軍 | 大军 | dàjūn | army |
| 前方 | | qiánfāng | the front |
| 作戰 | 作战 | zùozhàn | to fight, to do battle |
| 不時 | 不时 | bùshí | frequently, often |
| 戰況 | 战况 | zhànkuàng | the progress of a battle |
| 合情合理 | | héqínghélǐ | reasonable |
| 消息 | | xiāoxi | news |
| 重點 | 重点 | zhòngdiǎn | emphasis |

| | | | |
|---|---|---|---|
| 技術 | 技术 | jìshù | technical |
| 武器 | | wǔqì | arms, weapons |
| 威力 | | wēilì | power |
| 至於 | 至于 | zhìyú | as for, as to |
| 噸 | 吨 | dūn | ton |
| 式 | | shì | kind |
| 炸彈 | 炸弹 | zhàdàn | bomb |
| 伊拉克 | | Yīlākè | Iraq |
| 設施 | 设施 | shèshī | facilities |
| 造成 | | zàochéng | to bring about |
| 破壞 | 破坏 | pòhuài | destruction |
| 傷亡 | 伤亡 | shāngwáng | injuries and deaths |
| 痛苦 | | tòngkǔ | pain |
| 鏡頭 | 镜头 | jìngtóu | shot(of a camera), scene |
| 播放 | | bōfàng | broadcast |
| 一切 | | yíqiè | all |
| 正 | | zhèng | exactly, just |
| 缺少 | | quēshǎo | to lack |
| 自然 | | zìrán | naturally |

| 不足爲奇 | 不足为奇 | bùzúwéiqí | not at all surprising |
|---|---|---|---|
| 基本上 | | jībĕnshàng | basically, on the whole |
| 結束 | 结束 | jiéshù | to end |
| 減退 | 减退 | jiăntuì | to drop, to decrease |
| 權 | 权 | quán | rights |

## 海灣危機與短波收音機

### 詞語例句

1. 自從⋯以來　　　　　since⋯

   * 自從海灣發生危機以來,⋯。

   1) 自從學中文以來,他認識了很多中國朋友。

      Since he started to study Chinese, he has made a lot of Chinese friends.

   2) 自從中東戰爭結束以來,石油的價格漸漸穩定了。

      Since the end of the war in the Middle East, the price of petroleum has gradually stabilized.

2. 因此　　　　　therefore

   * 美國⋯不許在國內建廣播電台,因此,⋯。

   1) 我跟他同學多年,因此很了解他。

      I was his classmate for many years, so I know him very well.

   2) 美國國內沒有短波電台,因此很多人用短波收音機收聽外國電台的新聞。

      There are no short-wave radio stations in the U.S.; therefore many people use short-wave radios to listen to news from foreign radio stations.

3. 對⋯感/不感興趣＝ 對⋯有/沒有興趣　　to be interested in

   * 美國公衆對這些宣傳"美國精神"的電台每天都在説些甚麼似乎也不感興趣。

   1) 老百姓對這種政治宣傳感不感興趣?

Are common people interested in this kind of political propaganda?

2） 在美國的大學裏,對中國研究感興趣的人一天比一天多了。

In American universities, more and more people have become interested in China studies.

3） 上了一次廣告商的當以後,他對任何廣告都不感興趣了。

After being fooled by an advertiser, he became completely uninterested in any advertisements.

4. 在…下　　under… ( condition; circumstances );　in the case of…

* 在這樣的情況下,用"求知"的概念來解釋"短波收音機熱",顯然說不通。

1） 在功課負擔很重的情況下,他還得照顧年老的父母。

Even while doing heavy course work, he still has to take care of his aged parents.

2） 他是在朋友們的幫助下才有了重新生活的勇氣的。

It is with the help of his friends that he has finally found the courage for a new life.

5. 至於 ( used to introduce a new topic )　　　　as for;　as to

* …至於美國以數百萬噸各式炸彈…。

1） …至於這次經濟衰退對我們公司造成的影響,現在還無法估計。

…As for the influence of the recession on our company this time, we have no way to make any estimation right now.

2） …至於中美兩國之間的關係,要靠兩國政府的共同努力來維持。

…As for the relationship between China and the United States, it will be maintained by the mutual efforts of both governments.

147

6. 對/給…造成…　　cause ( usually undesireable result ) …to …

*　美國…炸彈對伊拉克的經濟設施造成的巨大破壞。

1 ）颱風對那個城市的建築造成了巨大的破壞。

Typhoons have caused tremendous damage to the buildings of that city.

2 ）那顆炸彈給這個地區的居民造成了可怕的傷亡。

The bomb caused terrible injuries and deaths to the residents of the area.

1. 寫出這幅畫上的人正在做的事和説的話。
2. 根據你自己的理解給這幅畫寫一個標題。

# 插頁閱讀練習(七)

《人民日報》海外版一九九一年二月一日

## 誰在海灣戰爭中得利

本報記者 倉立德

海灣戰爭，經濟衰退，可說是大多數美國人時下最擔憂的兩件大事，成千上萬個家庭爲前線親人的安危而輾轉難眠，越來越多的人爲失去飯碗而愁眉緊鎖，大批公司、銀行面臨企業裁員、破產、倒閉、遭兼併；少數人卻欣欣期盼着新的發財機會。

據《華爾街日報》等新聞媒介近日陸續披露，海灣危機發生以來，不少石油公司靠高價原油賺了大錢。去年第四季度，純利潤額大幅上升的有，美國第二大石油公司莫比爾，增幅百分之四十六；德士古，百分之三十五；殼牌，百分之六十九。還有第一大石油公司埃克森以及謝夫隆等。阿馬科公司去年僅第四季度即賺五億多美元，增幅達百分之六十九。據《商業週刊》計算，去年美國原油平均價格由前年每桶十九點六五美元升至二十四美元，石油公司所獲平均利潤上升百分之二十七，預計今年還將再增百分之二十三。

據美國聯邦儲備委員會主席格林斯潘估算，目前美國在海灣戰爭中每天的軍費開支接近五億美元。美國在整個戰爭中的開銷，國會預算周最近測算爲高達二百八十億至八百六十億美元。有些專家則認爲高達五百億－一千億美元。無論怎樣算，對資本雄厚，技術先進的大軍火承包商而言，戰爭持續愈久，軍事裝備消耗愈多，它們的賺錢門路也越大。在美國已經動用的昂貴的高技術武器中，有的頗得五角大樓的青睞。「愛國者」式防空導彈系統，今年訂貨額一百二十四億美元。由於需求正殷，目前製造「愛國者」式導彈及M－1型坦克的生產綫正在日夜不停地開動。

參議院軍事委員會主席山姆·納恩日前公開讚揚了國防工業。一衆議員預料，海灣戰爭給院外軍火游說以「強勁推動」，可能使國會放棄削減國防預算的擬議。輿論認爲，國防開支正在吃掉冷戰後的「和平紅利」，增加普通美國納稅人的負擔。幾家歡樂幾家愁，這可以說是海灣戰爭開始後，美國社會的寫照。

（本報華盛頓電）

人民日報（海外版）

# 海灣危機與短波收音機

### 新華社記者　魏國強

自海灣發生危機以來，尤其是戰爭打響以後，美國出現了短波收音機供不應求的現象。

美國人搶購短波收音機，這確實是件聞所未聞的新鮮事。

美國是個自詡爲新聞自由的國家，但是它卻有條法律規定，不許在國內建短波廣播電台。因此，它的那些專門對外國聽衆廣播的"純粹宣傳性"短波電台全部設在國外，美國公衆對這些宣傳"美國精神"的電台每天都在說些什麼似乎也不感興趣。旣然如此，許多人又爲何去買短波收音機呢？

根據美國的新聞理論，這種現象似可用人們的"求知慾"來解釋。但事實上，自去年八月二日海灣危機爆發以來，美國的新聞媒介就開始大量報道有關情況，幾家主要大報紙每天都要用將近十個版面刊登有關戰爭的報道和圖片。在如此巨大的信息爆炸情況下，用"求知"的概念來解釋"短波收音機熱"，顯然說不通。

美國《大衆交流》雜誌主編尼特爾的一番話似乎切中了問題的要害。他說，莫斯科、哈瓦那、土耳其、以色列、希臘、英國、德國以及其他國家的電台都在用純正的英語報道這場戰爭，但是各自報道的角度不同。晚上聽聽它們的廣播，

"人們就可以思考很多問題"，"那些眞正想瞭解帷幕背後情況的人認識到，有許許多多的信息沒有被報道出來，其原因不是新聞媒介顧不上，就是它們不感興趣，或者是它們認爲這些信息過於富有敵意，而不願意報道。"

美國幾十萬大軍在前方作戰，美國的新聞媒介不時報道戰況，這也是情理之中的事。但是，它們在報道這些消息時，重點宣傳的卻是高技術武器的威力。至於美國的導彈和其他武器裝備敗走麥城的鏡頭，以及數百萬噸各式炸彈對伊拉克的經濟設施造成的巨大破壞、給伊拉克人帶來的巨大傷亡和痛苦的鏡頭，卻很少播放，而這一切又正是美國人民想知道的。美國的新聞報道缺了人們想瞭解的事實，一些人就到外國短波電台中去"求知"，自然也就不足爲奇了。

現在，戰爭基本上結束了。但是，人們對短波收音機的興趣似乎並沒有減退。在這個被稱之爲"人民有權知道一切"的國家裏，鋪天蓋地的新聞報道有時並沒有向人們提供全部眞實情況，人們要想瞭解事實的眞相還必須聽一聽外國的報道是怎麼說的。這對那些把美國新聞界看成至善至美的人來說，似乎也是可以從中得到一些敎益的。

（新華社華盛頓四日電）

《人民日报》海外版一九九〇年三月二十二日

# （十一）
# 美国生活方式导致吸毒

刘治琳编译

不久以前,美国吸毒问题专家华希顿等就美国严重的吸毒问题,发表了一份调查报告《意志的力量是不够的》。这篇报告指出: 美国人口只占世界人口的百分之五,然而,美国人吸食的毒品数量却占世界非法毒品总量的百分之六十,每人平均吸毒量是世界上最高的。美国已经成了世界上头号的吸毒国家。

据统计,目前美国除了有六百万吸毒者以外,还有千百万人变相的吸毒,如滥用镇静剂和安眠药。每年因为吸毒造成的死亡人数多达四十五万。

为什么美国的吸毒人数比任何国家的都多呢?美国许多法律界人士和吸毒问题专家都认为,是美国的生活方式导致了吸毒。美国社会使人们全力地追求金钱和权力,使人们产生了无穷无尽的占有欲。跟这些情形同时发生的是: 家庭趋向瓦解,人们得不到家庭的温暖、关怀和照顾,得不到社会的帮助和保护,于是有的人就用吸毒来寻求一时的麻醉。目前,美国的吸毒

《人民日報》海外版一九九〇年三月二十二日

（十一）

## 美國生活方式導致吸毒

劉治琳編譯

　　不久以前,美國吸毒問題專家華希頓等就美國嚴重的吸毒問題,發表了一份調查報告《意志的力量是不够的》。這篇報告指出: 美國人口只佔世界人口的百分之五,然而,美國人吸食的毒品數量却佔世界非法毒品總量的百分之六十,每人平均吸毒量是世界上最高的。美國已經成了世界上頭號的吸毒國家。

　　據統計,目前美國除了有六百萬吸毒者以外,還有千百萬人變相的吸毒,如濫用鎮靜劑和安眠藥。每年因爲吸毒造成的死亡人數多達四十五萬。

　　爲甚麼美國的吸毒人數比任何國家的都多呢?美國許多法律界人士和吸毒問題專家都認爲,是美國的生活方式導致了吸毒。美國社會使人們全力地追求金錢和權力,使人們產生了無窮無盡的佔有欲。跟這些情形同時發生的是: 家庭趨向瓦解,人們得不到家庭的温暖、關懷和照顧,得不到社會的幫助和保護,於是有的人就用吸毒來尋求一時的麻醉。目前,美國的吸毒风气正在从贫穷阶层吹向中产阶级,从城市吹向农村。

在美国,贫穷家庭和单身父母家庭的子女往往无人照看,中产阶级家庭的子女也往往因为父母工作太忙而得不到照顾。最近对加州的五千名在校少年儿童进行的调查表明,放学以后无人照顾的儿童中,饮酒和吸毒的人数比放学后有成年人照顾的儿童分别高两倍和一点七倍。

目前,美国的地下工厂正在生产着一种新毒品"安非他明"。它可以使吸食者的麻醉时间长达十二到十四个小时。但是清醒以后,吸毒者的情绪会更低落,所以它的危害性也更大。

专家们认为,解决美国吸毒问题的根本办法是: 面对美国的社会现实,认真检讨美国的生活方式。


讨论题:

1. 什么是美国的生活方式?这篇文章所说的能不能代表美国生活?

2. 美国的生活方式跟吸毒到底有没有关系?

3. 如果一个社会完全没有吸毒的问题,这表示什么?

風氣正在從貧窮階層吹向中產階級,從城市吹向農村。

在美國,貧窮家庭和單身父母家庭的子女往往無人照看,中產階級家庭的子女也往往因為父母工作太忙而得不到照顧。最近對加州的五千名在校少年兒童進行的調查表明,放學以後無人照顧的兒童中,飲酒和吸毒的人數比放學後有成年人照顧的兒童分別高兩倍和一點七倍。

目前,美國的地下工廠正在生產着一種新毒品"安非他明"。它可以使吸食者的麻醉時間長達十二到十四個小時。但是清醒以後,吸毒者的情緒會更低落,所以它的危害性也更大。

專家們認為,解決美國吸毒問題的根本辦法是: 面對美國的社會現實,認真檢討美國的生活方式。

討論題:

1. 甚麼是美國的生活方式?這篇文章所說的能不能代表美國生活?

2. 美國的生活方式跟吸毒到底有沒有關係?

3. 如果一個社會完全沒有吸毒的問題,這表示甚麼?

# 生詞

| | | | |
|---|---|---|---|
| 生活方式 | | shēnghuó fāngshì | lifestyle |
| 導致 | 导致 | dǎozhì | to result in; to lead to |
| 吸毒 | | xīdú | to take drugs; drug use |
| 不久 | | bùjiǔ | not long; before long; soon |
| 專家 | 专家 | zhuānjiā | specialist; expert |
| 華希頓 | 华希顿 | Huáxīdùn | personal name |
| 等 | | děng | et al. |
| 就…問題 | 就…问题 | jiù … wèntí | with regard to … issue; on … issue |
| 嚴重 | 严重 | yánzhòng | serious |
| 發表 | 发表 | fābiǎo | to issue; to publish |
| 調查 | 调查 | diàochá | investigation |
| 報告 | 报告 | bàogào | a report |
| 意志 | | yìzhì | will (power) |
| 力量 | | lìliàng | power |
| 指出 | | zhǐchū | to point out |
| 人口 | | rénkǒu | population |

| | | | |
|---|---|---|---|
| 佔 | 占 | zhàn | to occupy |
| 然而 | | ránér | but; however |
| 吸食 | | xīshí | to take in; to suck |
| 毒品 | | dúpǐn | drugs |
| 數量 | 数量 | shùliàng | amount; quantity |
| 非法 | | fēifǎ | illegal |
| 總量 | 总量 | zǒngliàng | total amount |
| 每人平均 | | měirénpíngjūn | per capita average |
| -量 | | liàng | amount |
| 頭號 | 头号 | tóuhào | number 1; the top |
| 據 | 据 | jù | according to |
| 統計 | 统计 | tǒngjì | statistics |
| 目前 | | mùqián | now; at present |
| 變相 | 变相 | biànxiàng | in disguised form |
| 濫用 | 滥用 | lànyòng | to use indiscriminately |
| 鎮靜劑 | 镇静剂 | zhènjìngjì | sedative; tranquilizer |
| 安眠藥 | 安眠药 | ānmiányào | sleeping pills; soporific drug |
| 造成 | | zàochéng | to cause |
| 死亡 | | sǐwáng | death |
| 人數 | 人数 | rénshù | number of people |

| | | | |
|---|---|---|---|
| 多達 | 多达 | duōdá | so many that it reaches ; as many as |
| 任何 | | rènhé | any |
| 法律界 | | fǎlǜjiè | legal circles |
| 人士 | | rénshì | personage;  figure in ... (circles) |
| 認爲 | 认为 | rènwéi | to think |
| 全力地 | | quánlìde | to go all out to... |
| 追求 | | zhuīqiú | to seek;  to be after |
| 金錢 | 金钱 | jīnqián | money |
| 權力 | 权力 | quánlì | power |
| 産生 | 产生 | chǎnshēng | to exert;  to produce |
| 無窮無盡 | 无穷无尽 | wúqióngwújìn | endless |
| 佔有欲 | 占有欲 | zhànyǒuyù | desire for possession |
| 同時 | 同时 | tóngshí | at the same time |
| 發生 | 发生 | fāshēng | to occur |
| 趨向 | 趋向 | qūxiàng | to be inclined to;  to tend to |
| 瓦解 | | wǎjiě | to collapse;  to break up |
| 溫暖 | | wēnnuǎn | warmth |
| 關懷 | 关怀 | guānhuái | concern |
| 照顧 | 照顾 | zhàogù | care |

| | | | |
|---|---|---|---|
| 保護 | 保护 | bǎohù | protection |
| 於是 | 于是 | yúshì | hence; as a result |
| 尋求 | 寻求 | xúnqíu | to look for |
| 一時的 | 一时的 | yīshíde | momentary |
| 麻醉 | | mázuì | anaesthesia; drug high |
| 風氣 | 风气 | fēngqì | tendency |
| 貧窮 | 贫穷 | pínqióng | poor |
| 階層 | 阶层 | jiēcéng | stratum |
| 吹向 | | chuīxiàng | to blow towards |
| 中產階級 | 中产阶级 | zhōngchǎnjiějí | middle-class |
| 農村 | 农村 | nóngcūn | the countryside |
| 單身父母 | 单身父母 | dānshēnfùmǔ | single parent |
| 子女 | | zǐnǚ | children |
| 往往 | | wǎngwǎng | usually |
| 無人 | 无人 | wúrén | 沒有人 |
| 照看 | | zhàokàn | to look after |
| 名 | | míng | AN for people |
| 在校 | | zàixiào | in school |
| 少年兒童 | 少年儿童 | shàoniánértóng | children |
| 進行 | 进行 | jìnxíng | to carry out |

159

| 表明 | | biǎomíng | to show |
| 放學 | 放学 | fàngxué | to get out of school |
| 飲 | 饮 | yǐn | to drink |
| 成年人 | | chéngniánrén | grown-ups |
| 分別 | | fēnbié | respectively |
| -倍 | | -bèi | (number)-fold; times |
| 地下 | | dìxià | underground;  secret |
| 工廠 | 工厂 | gōngchǎng | factory |
| 生產 | 生产 | shēngchǎn | to produce |
| 安非他明 | | ānfēitāmìng | amphetamines |
| 長達 | 长达 | chángdá | so long that it reaches...; as long as |
| 清醒 | | qīngxǐng | to regain consciousness |
| 情緒 | 情绪 | qíngxù | feeling;  mood |
| 低落 | | dīluò | low (spirit) |
| 危害性 | | wēihàixìng | harmfulness |
| 解決 | | jiějué | to resolve (a problem or difficulty) |
| 根本 | | gēnběn | essential; fundamental |

| 辦法 | 办法 | bànfǎ | way |
| 面對 | 面对 | miàndùi | to face;  to confront |
| 現實 | 现实 | xiànshí | reality;  actuality, facts |
| 認真 | 认真 | rènzhēn | seriously;  earnestly; sincerely |
| 檢討 | 检讨 | jiǎntǎo | to examine and criticize |

# 美國生活方式導致吸毒

## 詞語例句

1. 就 ＋ N ＋ V        with regard to…;   concerning…

   \* 美國吸毒問題專家就美國嚴重的吸毒問題發表了一篇調查報告。

   1） 美蘇兩國政府就建立新的外交關係問題進行了會談。

   The governments of the United States and the Soviet Union carried on talks concerning the establishment of new foreign relations.

   2） 我想就你們的計劃發表一點看法。

   I want to say something concerning your plan.

   3） 美國移民局就新移民問題制定了新的法律。

   The American Immigration and Naturalization Office made a new law concerning new immigration issues.

2. …,然而…        however;  but

   \* 美國人口只占世界人口的百分之五,然而,美國人吸食的毒品數量却占世界非法毒品總量的百分之六十。

   1） 美國是一個新聞自由的國家,然而,在美國國內却不許建短波電台。

   The United States is a country with freedom of the press;   however, the building of short-wave radio stations is prohibited in this country.

   2） 美國是全世界最富有的國家之一,然而,無家可歸的人也占世界第一。

   The United States is one of the richest countries in the world;  however, it also has the most homeless people.

3. 除了⋯（以外），還⋯　　　　　besides;　in addition to⋯

　　* 目前美國除了有六百萬吸毒者以外,還有千百萬人變相的吸毒。

　1） 他除了追求金錢以外,還追求權力。

　　　Besides pursuing money, he also pursues power.

　2） 這個地區除了吸毒以外,還有其他社會問題。

　　　Besides having a drug problem, this area also has other social problems.

　3） 除了工作以外,你還有別的愛好嗎?

　　　Besides work, do you have any hobbies?

1. 詳細地説明這幅畫的意思。

2. 根據你自己的理解給這幅畫寫一個標題。

人民日报（海外版）

## 美國生活方式導致吸毒

不久前，美國吸毒問題專家華希頓等就美國嚴重的吸毒問題，發表了一份調查報告《意志的力量是不夠的》。該報告指出：美國人口僅佔世界人口的百分之五，然而，美國人吸食的毒品數量卻佔世界非法毒品總量的百分之六十，人均吸毒量高居世界之首。美國已成了世界上頭號的吸毒國。

據統計，目前美國有六百萬吸毒者。另有千百萬人變相吸毒，濫用鎮靜劑和安眠藥。每年因吸毒造成的死亡人數多達四十五萬。

為什麼美國的吸毒人數比任何其他國家的都多呢？美國許多法律界人士和吸毒問題專家都認為，是美國生活方式導致了吸毒。美國社會驅使人們一味地追求金錢和權力，追求所謂的「完美」和自我表現，使人們產生了無窮無盡的佔有慾。與此同時，家庭趨向瓦解，人們得不到家庭的溫暖、關懷和照顧，得不到社會的幫助和保護，於是有的就轉向吸毒，尋求一時的麻醉。目前，美國的吸毒風正在從貧窮階層吹向中產階級，從城市吹向農村。

在美國，貧窮家庭和單身父母家庭的子女往往無人照看，而中產階級家庭的子女也往往因為父母工作太忙得不到照顧。最近對加州的五千名在校少年兒童進行的調查表明，放學後有成年人照顧的兒童分別高二倍和一點七倍。

目前，美國的地下工廠正在生產一種新毒品「安非他明」。它可使吸食者的麻醉時間長達十二至十四個小時。但是，清醒之後，吸食者的情緒會更加低落，所以它的危害性也更大。

專家們認為，解決美國吸毒問題的根本辦法是，面對美國的社會現實，認真檢討美國的生活方式。

（劉治琳編譯）

《人民日报》海外版一九九〇年十一月二十日

## （十二）
## 美国失业人口在扩大

本报记者　张尧

　　失业人口迅速扩大是美国经济衰退的主要现象之一。根据官方统计,美国的失业率已经从六月份的百分之五点二上升到九、十月份的百分之五点七,失业总人数突破了七百万。然而,这并不包括八十多万因为长期找不到工作而放弃寻找工作的失业者。此外,美国还有二百四十万三千的半失业者。

　　由于美国经济情况恶化,工商企业都在进行解雇。从底特律到纽约的金融中心华尔街,都在裁员。

　　今年解雇的情形跟以前不同,被解雇的不但有"蓝领"工人,而且还有大批的"白领"职员。在"蓝领"失业者中,多数是建筑工人,因为美国建筑业早已陷入衰退,而制造业也开始不景气。"白领"失业者包括店员、工程师、建筑师、房地产代理商、银行职员、会计师,律师和经理人员等。据估计,在过去的一年被解雇的四十八点五万人中,百分之七十五是中层经理人员、专业人员、行政人员和技术员。另一个特

《人民日報》海外版一九九〇年十一月二十日

# （十二）
## 美國失業人口在擴大
本報記者　張亮

　　失業人口迅速擴大是美國經濟衰退的主要現象之一。根據官方統計,美國的失業率已經從六月份的百分之五點二上升到九、十月份的百分之五點七,失業總人數突破了七百萬。然而,這並不包括八十多萬因爲長期找不到工作而放棄尋找工作的失業者。此外,美國還有二百四十萬三千的半失業者。

　　由於美國經濟情況惡化,工商企業都在進行解僱。從底特律到紐約的金融中心華爾街,都在裁員。

　　今年解僱的情形跟以前不同,被解僱的不但有"藍領"工人,而且還有大批的"白領"職員。在"藍領"失業者中,多數是建築工人,因爲美國建築業早已陷入衰退,而製造業也開始不景氣。"白領"失業者包括店員、工程師、建築師、房地產代理商、銀行職員、會計師,律師和經理人員等。據估計,在過去的一年被解僱的四十八點五萬人中,百分之七十五是中層經理人員、專業人員、行政人員和技術員。另一個特点是,不管公司赚钱还是赔钱,都在裁员。赔钱的公司希望尽早裁员,以免受到更大的损失。而赚钱的公司就借着这个机会裁员,来降低劳动成本,提高竞争能力。

从失业人口的种族结构看,在今年十月,美国的失业率是百分之五点七,其中白人失业率是百分之四点九,而黑人和西班牙后裔分别是百分之十一点八和百分之八点一;白人青年失业率是百分之十一点九;而黑人青年失业率竟然达到百分之三十一点八。种族歧视的现象是很显然的。

对美国人来说,失业是一生中最可怕的事情。失业以后,可以领到几个月的失业保险金。但是,如果失业保险金期满以后还找不到工作,失业的人就只能靠政府的救济生活。失业的人不仅在经济生活上面临困难,而且在精神上也受到严重打击。难怪人们把失业比做可怕的"恶梦"和"灾难"。

點是,不管公司賺錢還是賠錢,都在裁員。賠錢的公司希望盡早裁員,以免受到更大的損失。而賺錢的公司就藉着這個機會裁員,來降低勞動成本,提高競爭能力。

從失業人口的種族結構看,在今年十月,美國的失業率是百分之五點七,其中白人失業率是百分之四點九,而黑人和西班牙後裔分別是百分之十一點八和百分之八點一;白人青年失業率是百分之十一點九;而黑人青年失業率竟然達到百分之三十一點八。種族歧視的現象是很顯然的。

對美國人來說,失業是一生中最可怕的事情。失業以後,可以領到幾個月的失業保險金。但是,如果失業保險金期滿以後還找不到工作,失業的人就只能靠政府的救濟生活。失業的人不僅在經濟生活上面臨困難,而且在精神上也受到嚴重打擊。難怪人們把失業比做可怕的"惡夢"和"災難"。

讨论题:

1. 中国的工作单位,一般是不解雇人的。这样的制度有什么问题?

2. 一个人找不到工作到底是谁的错?个人?政府?还是社会?

3. 表面上看来作者好像同情失业的人,其实他真要批评的是什么?

討論題:

1. 中國的工作單位,一般是不解僱人的。這樣的制度有甚麼問題?

2. 一個人找不到工作到底是誰的錯? 個人? 政府? 還是社會?

3. 表面上看來作者好像同情失業的人,其實他真要批評的是甚麼?

# 生 詞

| | | | |
|---|---|---|---|
| 失業 | 失业 | shīyè | unemployment |
| 人口 | | rénkǒu | population |
| 擴大 | 扩大 | kuòdà | to enlarge; to expand |
| 迅速 | | xùnsù | rapidly |
| 經濟 | 经济 | jīngjì | economy |
| 衰退 | | shuāitùi | recession |
| 現象 | 现象 | xiànxiàng | phenomenon |
| 根據 | 根据 | gēnjù | according to |
| 官方 | | guānfāng | official |
| 統計 | 统计 | tǒngjì | statistics |
| 率 | | lù | rate |
| 上升 | | shàngshēng | to rise; to go up |
| 總 | 总 | zǒng | total |
| 人數 | 人数 | rénshù | number of people |
| 突破 | | tūpò | to break through |

| | | | |
|---|---|---|---|
| 然而 | | ránér | however |
| 包括 | | bāokuò | to include |
| 長期 | 长期 | chángqī | a long period of time |
| 放棄 | 放弃 | fàngqì | to give up |
| 尋找 | 寻找 | xúnzhǎo | to look for |
| 此外 | | cǐwài | besides; in addition to |
| 情況 | | qíngkuàng | condition |
| 惡化 | 恶化 | èhuà | to deteriorate |
| 工商企業 | 工商企业 | gōngshāngqǐyè | business circles |
| 解僱 | 解雇 | jiěgù | to discharge; to fire |
| 底特律 | | Dǐtèlǜ | Detroit |
| 金融 | | jīnróng | finance |
| 華爾街 | 华尔街 | Huáěrjiē | Wall Street |
| 裁員 | 裁员 | cáiyuán | to reduce the staff |
| 藍領 | 蓝领 | lánlǐng | blue-collar |
| 大批 | | dàpī | a large number of |

| | | | |
|---|---|---|---|
| 白領 | 白领 | báilǐng | white-collar |
| 職員 | 职员 | zhíyuán | office worker |
| 建築 | 建筑 | jiànzhù | construction |
| 陷入 | | xiànrù | to fall into |
| 製造業 | 制造业 | zhìzàoyè | manufacturing industry |
| 不景氣 | 不景气 | bùjǐngqì | (economic) depression |
| 包括 | | bāokuò | including |
| 店員 | 店员 | diànyuán | shop assistant |
| 工程師 | 工程师 | gōngchéngshī | engineer |
| 建築師 | 建筑师 | jiànzhùshī | architect |
| 房地產 | 房地产 | fángdìchǎn | real estate |
| 代理商 | | dàilǐshāng | agent |
| 會計師 | 会计师 | kuàijìshī | accountant |
| 律師 | 律师 | lùshī | lawyer |
| 經理 | 经理 | jīnglǐ | manager |
| 人員 | 人员 | rényuán | personnel |
| 估計 | 估计 | gūjì | estimation |

| | | | |
|---|---|---|---|
| 中層 | 中层 | zhōngcéng | middle-level |
| 專業人員 | 专业人员 | zhuānyèrényuán | specialist |
| 行政人員 | 行政人员 | xíngzhèngrényuán | administrative personnel |
| 技術員 | 技术员 | jìshùyuán | technician |
| 特點 | 特点 | tèdiǎn | characteristics |
| 賺錢 | 赚钱 | zhuànqián | to profit, earn money |
| 賠錢 | 赔钱 | péiqián | to have a deficit; to lose money |
| 盡早 | 尽早 | jǐnzǎo | as early as possible |
| 以免 | | yǐmiǎn | so as not to |
| 受到 | | shòudào | to sustain |
| 損失 | 损失 | sǔnshī | a loss |
| 藉…機會 | 借…机会 | jiè … jīhuì | to seize the opportunity |
| 降低 | | jiàngdī | to reduce |
| 勞動 | 劳动 | láodòng | labor |
| 成本 | | chéngběn | cost |
| 競爭 | 竞争 | jìngzhēng | competition |

| | | | |
|---|---|---|---|
| 種族 | 种族 | zhǒngzú | race |
| 結構 | 结构 | jiégòu | structure |
| 其中 | | qízhōng | among (which) |
| 西班牙 | | Xībānyá | Hispanic; Spanish |
| 後裔 | 后裔 | hòuyì | descendant |
| 分別 | | fēnbié | respectively |
| 竟然 | | jìngrán | even |
| 達到 | 达到 | dádào | reach |
| 歧視 | 歧视 | qíshì | discrimination |
| 顯然 | 显然 | xiǎnrán | obvious |
| 領到 | 领到 | lǐngdào | to receive; to get |
| 保險金 | 保险金 | bǎoxiǎnjīn | insurance |
| 期滿 | | qīmǎn | to expire |
| 靠 | | kào | rely on |
| 救濟 | 救济 | jiùjì | relief (fund) |
| 面臨 | 面临 | miànlín | to face; to confront |
| 精神 | | jīngshén | soul; spirit |

| 嚴重 | 严重 | yánzhòng | serious, heavy |
| 打擊 | 打击 | dǎjī | a (heavy) blow |
| 難怪 | 难怪 | nánguài | no wonder |
| 把…比作 | | bǎ … bǐzuò | to liken A to B |
| 惡夢 | 恶梦 | èmèng | nightmare |
| 災難 | 灾难 | zāinàn | disaster |

# 美國失業人口在擴大

## 詞語例句

1. …之一　　　　　　　　one of…

   * 失業人口迅速擴大是美國經濟衰退的主要現象之一。

   1） 中國落後的主要原因之一是人口增長太快。

   > One of the main reasons that China is less developed is the rapid growth of the population.

   2） 美國可以算是世界上最自由的國家之一。

   > The United States can be considered to be one of the countries with the most freedom in the world.

2. 因爲…而… ＝ 因爲…所以…　　because…,（so）…

   * 因爲長期找不到工作而放棄尋找工作的失業者。

   1） 他因爲被公司解僱了而精神失常。

   > His mental illness was the result of being laid off.

   2）他是因爲工作的很努力而被提升爲經理的。

   > He has been promoted to a manager's position because he works very hard.

   3） 獨生子女因爲被父母慣壞了而沒有獨立性。

   > Because single children are spoiled by their parents, they are not very independent.

3. 以免…　　　　so as not to…; in order to avoid…

   * 賠錢的公司希望盡早裁員,以免受到更大的損失。

   1） 開車時一定得繫安全帶,以免發生危險。

While driving, you must fasten your safety belt in order to avoid danger.

2）有工作的時候要存一點兒錢,以免失業以後經濟困難。

While you have a job, you had better save a little money, in order to avoid economic difficulty when you are unemployed.

4. 從…（來）看　　　　judging by…;　from…

* 從失業人口的種族結構看,…。

1）從幾家大公司的解僱情況來看,美國的經濟還會繼續惡化。

Judging from the lay-offs by a few big companies, the economic situation of the United States will continue to worsen.

2）從這篇文章的表面來看,作者好像很同情失業者。

On the surface of this article, it appears that the writer is sympathetic to the unemployed.

5. 竟然　　　　surprisingly;　unexpectedly

* …黑人青年失業率竟然達到百分之三十一點八。

1）這次公司裁員竟然沒有事先告訴職員。

This time when the company laid people off,　surprisingly, they did not even inform anyone in advance.

2）他為這家公司工作了三十多年竟然領不到退休金。

He has worked for this company for more than thirty years; unexpectedly, he did not even get a pension.

6. 把…比做…　　　　liken…to…; to make a simile between two essentially different things

* 難怪人們把失業比做可怕的“惡夢”和“災難”。

179

1 ）人們常愛把時間比做金錢。

**People always liken time to money.**

2 ）中國人民以前把共產黨比做救星。

**The Chinese people considered the Communist Party to be their savior.**

1. 説一説這幅漫畫是甚麼意思。

2. 寫出畫中的人所説的話。

3. 根據你自己的理解給這幅畫寫一個標題。

# 插頁閱讀練習(八)

《人民日報》海外版一九九一年十二月二十六日

一年一度的聖誕節來臨，但是數以萬計的美國工人收到的"聖誕禮物"卻是一張粉紅色的解僱通知書。

進入十二月份以後，幾乎每天都有公司宣佈裁員計劃。九日，美國韋斯特公司宣佈在今後三年內裁減六千個工作崗位；坦尼科公司打算在明年年底前解僱四千人。十一日，施樂公司透露，它計劃在明年上半年裁員二千五百人；湯普森—拉莫—伍爾德里奇公司宣佈解僱二千五百人。十九日，通用汽車公司宣佈，將在今後三年內關閉二十一個工廠、解僱七點四萬名職工，明年先裁減一點五萬名藍領工人和九千名白領工人。

聖誕節前夕，失業問題成爲美國各界的熱門話題。據美國官方公佈的最新數字，十一月美國的失業人數已高達八百五十萬人。此外，還有大約六百萬非自願的散工人員和一百一十萬因對就業無望而放棄尋找工作的"失望的工人"。美國經濟界人士指出，目前解僱浪潮正由大洋兩岸向內陸蔓延，除醫療保健部門之外其它行業都難以幸免。一九九二年的就業形勢更爲黯淡。《工廠趨勢時事通訊》的編輯萊西說，

一九九二年大量的人口將加入失業大軍，"計算機、宇航、銀行、食品、消費品、石油、機牀等凡是你能說出來的行業"都在解僱職工。

美國企業界人士指出，最近一些大公司，如國際商用機器公司、杜邦公司和通用汽車公司等，宣佈的裁員計劃將是永久性的，被解僱的職工將無法回到原來的公司，這一點是美國這次經濟衰退與以往的衰退最大的不同點。

解僱浪潮還使美國經濟陷入惡性循環之中。失業導致需求的下降，經濟也便難有起色。經濟狀況不好，就可能引發又一輪解僱浪潮。

目前，失業工人，特別是最近被解僱的工人，眼看聖誕節來臨，境況之艱難可想而知。紐約州納索縣的一名市政僱員卡拉布里托十二月十九日收到將於一月十七日被解僱的通知書。她當天傷心地對記者說："他們至少可以等到十二月二十六日再通知我。今年過聖誕節將會像下地獄一樣。"

（新華社華盛頓十二月二十三日電）

## 解僱浪潮中迎聖誕

新華社記者 郭錫仁

人民日报（海外版）

# 美國失業大軍在擴大

本報記者　張亮

失業大軍迅速擴大是美國經濟衰退的主要徵兆之一。根據官方統計，美國的失業率已從六月份的百分之五點二上升到九、十月份的百分之五點七，失業總人數突破七百萬大關。然而，這並不包括八十多萬因長期找不到工作而放棄尋找工作的失業者。此外，美國還有二百四十萬三千半失業者。

由於美國經濟境況惡化，工商企業的"解僱風"襲擊着全國各行各業。從"汽車之城"底特律到紐約的金融中心華爾街，從"鐵銹地帶"到"陽光地帶"都在紛紛裁員。最近，又有不少公司宣佈了裁員計劃：大通曼哈頓銀行裁員百分之十二；美國航空公司裁員百分之七；泛美航空公司裁員百分之九；麥道飛機製造公司裁員百分之十三；通運數據公司裁員百分之十七；通運汽車公司三年內裁減六萬僱員……

另據美國管理協會的一項年度調查，一九八九年六月至一九九〇年六月的一年中，百分之三十六的公司裁減過僱員，並預測百分之四十多的公司將繼續裁員。

今年颳起的"解僱風"與往常不同，被解僱的不僅有"藍領"工人，而且還有大批"白領"職員。在"藍領"失業者中，多數是建築工人和製造業工人，因為美國建築業早已陷入衰退，而製造業亦開始不景氣。"白領"失業者包括店員、諮詢人員、工程師、建築師、房地產代理商、銀行職員、會計師，以至律師和經理人員等。據估計，在過去一年被解僱的四十八點五萬人中，百分之七十五是中層經理人員、專業人員、行政人員和技術員。另一個特點是，不管公司贏利還是虧損，都在裁員。虧損的公司希望儘早裁員，以免蒙受更大損失。而贏利的公司則借機裁員，以降低勞動成本，進而提高其競爭能力。

從失業大軍的種族結構看，在今年十月，美國的失業率爲百分之五點七，其中白人失業率爲百分之四點九，而黑人和西班牙後裔則分別爲百分之十一點八和百分之八點一：白人青年失業率爲百分之十三點九，而黑人青年失業率則高達百分之三十一點八。種族歧視現象顯而易見。

對美國人來說，失業是一生中最可怕的事情。失業之後，可領取幾個月的失業保險金。但是，如失業金期滿後仍找不到工作，失業者只能靠政府的救濟勉強度日。失業者不僅在經濟生活上面臨困難，而且在精神上受到嚴重打擊。難怪人們把失業比作是可怕的"噩夢"和災難的淵源。　　（本報華盛頓電）

《人民日报》海外版一九九一年十二月五日

# （十三）
## "人权卫士"为何怕谈生存权?

喻权域

这几年,西方某些人到中国,几乎都谈人权问题。可是,当我们提到人权中的"第一权"——生存权时,这些"人权卫士"立即避开。有时,他们还怪中国人"太看重生存权"。

说到生存权的问题,我们可以拿中国跟美国来比较一下:一九九〇年,每十万人口中,美国有八个人被杀死（中国不到两人）,三百多人被伤害（中国不到四人）,二十多名妇女被强奸（中国为四名）,两百多人被偷盗（中国为一百六十起盗窃案）。美国的一位外交官曾私下对我说:在美国的纽约、华盛顿等城市,单个人深夜是不敢到小街道上行走的。在你们中国,我可以放心地在大街小巷作彻夜之游。

据世界银行一九九〇年发表的报告:一九八八年,中国的"粗死亡率"（即"人口死亡率"）为千分之七（按:一九九〇年已降为千分之六点六七）,美国的"粗死亡率"高达千分之九。美国人死得太多了!

《人民日報》海外版一九九一年十二月五日

## （十三）
## "人權衛士"爲何怕談生存權?

喻權域

　　這幾年,西方某些人到中國,幾乎都談人權問題。可是,當我們提到人權中的"第一權"——生存權時,這些"人權衛士"立即避開。有時,他們還怪中國人"太看重生存權"。

　　說到生存權的問題,我們可以拿中國跟美國來比較一下:一九九○年,每十萬人口中,美國有八個人被殺死（中國不到兩人）,三百多人被傷害（中國不到四人）,二十多名婦女被强姦（中國爲四名）,兩百多人被偷盜（中國爲一百六十起盜竊案）。美國的一位外交官曾私下對我說:在美國的紐約、華盛頓等城市,單個人深夜是不敢到小街道上行走的。在你們中國,我可以放心地在大街小巷作徹夜之遊。

　　據世界銀行一九九○年發表的報告:一九八八年,中國的"粗死亡率"（即"人口死亡率"）爲千分之七（按:一九九○年已降爲千分之六點六七）,美國的"粗死亡率"高達千分之九。美國人死得太多了!

美国人权状况之所以糟糕,病根在于它的社会制度违反人性。一方面是少数富翁拥有亿元、十亿元、百亿元财富,一方面是千百万穷光蛋一无所有,处于"恐惧与贫乏"之中。

按人均国民生产总值,世界银行把美国列为世界"第四富国"。但是,美国有大批的穷人无家可归,只能露宿街头。冬天是三四十万,夏天是三四百万,年平均二百五十万人以上。据美国前总统卡特说,"这些人根本就没有房子住,在大街上睡,盖着报纸,或者睡在纸盒子里"。中国的经济水平还不如美国,人口却是美国的四倍半。按美国的比率,中国至少应该有一千一百二十万人因无家可归而露宿街头。实际上有多少呢?我曾当面问过民政部部长崔乃夫。崔部长说:我负责任地告诉你,我国人民中因无家可归而露宿街头的人,平均每年为十五万,他们都及时得到民政部门的安置。

一九六六年十二月十六日通过的"联合国人权公约",把"免于恐惧和贫乏"作为理想。在这两方面,中国都把美国比下去了,显示出社会主义制度优于资本主义。难怪一提到生存权,美国的"人权卫士"就心虚。

因为资本主义制度违反人性,所以美国的犯罪率美國人權狀況之所以糟糕,病根在於它的社會制度違反人性。一方面是少數富翁擁有億元、十億元、百億元財富,一方面是千百萬窮光蛋一無所有,處於“恐懼與貧乏”之中。

按人均國民生產總值,世界銀行把美國列為世界“第四富國”。但是,美國有大批的窮人無家可歸,只能露宿街頭。冬天是三四十萬,夏天是三四百萬,年平均二百五十萬人以上。據美國前總統卡特說,“這些人根本就沒有房子住,在大街上睡,蓋着報紙,或者睡在紙盒子裏”。中國的經濟水平還不如美國,人口却是美國的四倍半。按美國的比率,中國至少應該有一千一百二十萬人因無家可歸而露宿街頭。實際上有多少呢?我曾當面問過民政部部長崔乃夫。崔部長說: 我負責任地告訴你,我國人民中因無家可歸而露宿街頭的人,平均每年為十五萬,他們都及時得到民政部門的安置。

一九六六年十二月十六日通過的“聯合國人權公約”,把“免於恐懼和貧乏”作為理想。在這兩方面,中國都把美國比下去了,顯示出社會主義制度優於資本主義。難怪一提到生存權,美國的“人權衛士”就心虛。

因為資本主義制度違反人性,所以美國的犯罪率特别高。现在美国监狱里关着一百多万人。每十万美国人中,有在押犯四百一十三人,这样高的比率是"世界冠军",比中国（99/10万人）高三点一倍,比名誉很糟的南非（333/10万人）还高三分之一。

我国的监狱和劳改场所,是改造罪犯,使罪犯新生的地方。从那里释放出来的人,百分之九十以上成为好人,只有百分之六至百分之八再犯罪。而从美国监狱刑满释放出来的人,有百分之四十一点四重新犯罪,其中不少人比过去更坏,更凶残,使美国人民的生存权受到更多的侵犯,更大的威胁。如此恶性循环,永无宁日。

讨论题:

1."生存权"是不是就是"人权"?

2.犯罪率低的社会是不是人权就比较有保障?

3.无家可归的人就没有人权吗?

特別高。現在美國監獄裏關着一百多萬人。每十萬美國人中,有在押犯四百一十三人,這樣高的比率是"世界冠軍",比中國（99/10萬人）高三點一倍,比名譽很糟的南非（333/10萬人）還高三分之一。

我國的監獄和勞改場所,是改造罪犯,使罪犯新生的地方。從那裏釋放出來的人,百分之九十以上成爲好人,只有百分之六至百分之八再犯罪。而從美國監獄刑滿釋放出來的人,有百分之四十一點四重新犯罪,其中不少人比過去更壞,更凶殘,使美國人民的生存權受到更多的侵犯,更大的威脅。如此惡性循環,永無寧日。

討論題:

1."生存權"是不是就是"人權"?

2.犯罪率低的社會是不是人權就比較有保障?

3.無家可歸的人就没有人權嗎?

# 生 詞

| | | | |
|---|---|---|---|
| 人權 | 人权 | rénquán | human rights |
| 衛士 | 卫士 | wèishì | guard |
| 爲何 | 为何 | wèihé | 為甚麽 |
| 生存 | | shēngcún | to live, to exist |
| 某 | | mǒu | certain, some |
| 幾乎 | 几乎 | jīhū | almost |
| 當…時 | 当…时 | dāng … shí | when, just at (a time) |
| 提到 | | tídào | put forward; raise; mention |
| 立即 | | lìjí | promptly, immediately |
| 避開 | 避开 | bìkāi | to keep (stay) clear of |
| 怪 | | guài | to blame |
| 看重 | | kànzhòng | to perceive as important; to value |
| 比較 | 比较 | bǐjiào | to compare |
| 殺 | 杀 | shā | to kill |
| 傷害 | 伤害 | shānghài | to injure, to hurt |
| 婦女 | 妇女 | fùnǚ | women |

| | | | |
|---|---|---|---|
| 強姦 | 强奸 | qiángjiān | to rape |
| 偷盜 | | tōudào | to steal |
| 盜竊 | 盗窃 | dàoqiè | theft; to steal |
| 案 | | àn | (criminal) case |
| 外交官 | | wàijiāoguān | diplomat |
| 曾 | | céng | (shows past experience) |
| 私下 | | sīxià | in private |
| 單 | 单 | dān | single |
| 深夜 | | shēnyè | late at night |
| 行走 | | xíngzǒu | to walk |
| 小巷 | | xiǎoxiàng | small street, lane; alley |
| 徹夜 | 彻夜 | chèyè | all night |
| 之 | | zhī | (literary) 的 |
| 游 | | yóu | to travel, to tour |
| 據 | 据 | jù | according to |
| 世界銀行 | 世界银行 | Shìjièyínháng | World Bank |
| 發表 | 发表 | fābiǎo | to publish |
| 粗死亡率 | | cūsǐwánglǜ | mortality |
| 分之… | | … fēnzhī … | (for fractions) |
| 千分之七 | | qiānfēnzhīqī | 7/1000 |

| | | | |
|---|---|---|---|
| 降爲 | 降为 | jiàngwéi | to drop (lower) to |
| 高達 | 高达 | gāodá | as high as |
| 狀況 | 状况 | zhuàngkuàng | condition, state |
| 之所以 | | ... zhīsuǒyǐ | the reason that ... |
| 病根 | | bìnggēn | the root cause of trouble |
| 在於 | 在于 | zàiyú | (of problems) to be; to lie in |
| 社會制度 | 社会制度 | shèhuìzhìdù | social system |
| 違反 | 违反 | wéifǎn | to run counter to |
| 人性 | | rénxìng | human nature |
| 富翁 | | fùwēng | a man of wealth |
| 擁有 | 拥有 | yōngyǒu | to own, to possess; to have |
| 億 | 亿 | yì | 100 million |
| 財富 | 财富 | cáifù | wealth |
| 窮光蛋 | 穷光蛋 | qióngguāngdàn | pauper |
| 一無所有 | 一无所有 | yìwúsuǒyǒu | to have nothing in the world |
| 處於…之中 | 处于…之中 | chǔyú ... zhīzhōng | to be in the condition of ... |
| 恐懼 | 恐惧 | kǒngjù | dread |
| 貧乏 | 贫乏 | pínfá | poor |

| | | | |
|---|---|---|---|
| 按 | | àn | on the basis of |
| 人均 | | rénjūn | per capita |
| 國民生産總值 | 国民生产总值 | guómínshēngchǎn zǒngzhí | GNP (Gross National Product) |
| 列爲 | 列为 | lièwéi | to be listed as |
| 無家可歸 | 无家可归 | wújiākěguī | homeless |
| 露宿 | | lùsù | to sleep in the open air |
| …以上 | | … yǐshàng | over … |
| 前 | | qián | former, ex- |
| 根本 | | gēnběn | (not) at all, simply |
| 蓋 | 盖 | gài | to cover |
| 經濟 | 经济 | jīngjì | economic |
| 不如 | | bùrú | not equal to; not as good as |
| 却 | | què | but, yet |
| -倍 | | -bèi | (number)-fold; times |
| 比率 | | bǐlǜ | rate |
| 至少 | | zhìshǎo | at least |
| 實際 | 实际 | shíjì | in fact |
| 當面 | 当面 | dāngmiàn | personally, face to face |

| | | | |
|---|---|---|---|
| 民政部 | | mínzhèngbù | the Ministry of Civil Administration |
| 部長 | 部长 | bùzhǎng | minister |
| 崔乃夫 | | CuīNǎifū | personal name |
| 負責任 | 负责任 | fù zérèn | to be responsible |
| 平均 | | píngjūn | on the average |
| 及時 | 及时 | jíshí | in a timely manner; promptly |
| 部門 | 部门 | bùmén | department |
| 安置 | 安置 | ānzhì | arrangements |
| 通過 | 通过 | tōngguò | to pass |
| 聯合國 | 联合国 | Liánhéguó | United.Nations. |
| 公約 | 公约 | gōngyuē | a bill(legislative bill); The Bill (of rights) |
| 免於 | 免于 | miǎnyú | to avert |
| 作爲 | 作为 | zuòwéi | to take ... for ...; to look on ... as ... |
| 理想 | | lǐxiǎng | ideal |
| 顯示出 | 显示出 | xiǎnshìchū | to manifest |
| 優於 | 优於 | yōuyú | better than |
| 資本主義 | 资本主义 | zīběnzhǔyì | Capitalism |
| 難怪 | 难怪 | nánguài | no wonder |

| 心虛 | | xīnxū | to have a guilty conscience |
| 犯罪率 | | fànzuìlǜ | crime rate |
| 監獄 | 监狱 | jiānyù | jail |
| 在押犯 | | zàiyāfàn | prisoner, criminal in custody |
| 冠軍 | 冠军 | guànjūn | champion |
| 名譽 | 名誉 | míngyù | reputation |
| 南非 | | Nánfēi | South Africa |
| 勞改 | 劳改 | láogǎi | to reform through labor |
| 場所 | 场所 | chǎngsuǒ | place |
| 改造 | | gǎizào | to reform; to remold |
| 罪犯 | | zuìfàn | criminal |
| 新生 | | xīnshēng | newborn; new life |
| 釋放 | 释放 | shìfàng | to release |
| 而 | | ér | however |
| 刑滿 | 刑满 | xíngmǎn | the completion of a sentence |
| 其中 | | qízhōng | among which |
| 凶殘 | 凶残 | xiōngcán | fierce and cruel |
| 侵犯 | | qīnfàn | to infringe |
| 威脅 | 威胁 | wēixié | to menace |

| 如此 | | rúcǐ | in this way, like that |
| 惡性循環 | 恶性循环 | èxìngxúnhuán | vicious cycle |
| 永無寧日 | 永无宁日 | yǒngwúníngrì | no peace forever |

# "人權衛士" 爲何怕談生存權

## 詞語例句

1. 當…時              when…

    * 當我們提到人權中的"第一權" — 生存權時,……。

    1） 當他説到人權問題時,聽衆的注意力都集中了。

    > When he mentioned the part of human rights, the people in the audience pricked up their ears.

    2） 當我們把證據拿出來時,那個人就説不出話來了。

    > When we presented the evidence, that guy was stupefied.

2. 拿 A 跟 B （來） 比較        to compare A with B

    * 我們可以拿中國跟美國來比較一下,…。

    1） 拿人權跟生存權來比較,人權的意義更廣泛。

    > Comparing human rights with the right to live, human rights has a much broader definition.

    2） 拿中國電影跟西方電影來比較,中國電影仍然很保守。

    > Comparing Chinese movies with Western movies, Chinese movies are still very conservative.

3. 之所以…,…在於…      the reason that … lies in…

    * 美國人權狀況之所以糟糕,病根在於它的社會制度違反人性。

    1） "人權衛士"之所以不談生存權,問題在於人們對生存權有不同的理解。

    > The reason that "the guardians of humans rights" don't talk about the

right to live is because there are different understandings of what the "right to live" is.

2 ）各種社會問題之所以長期得不到解決,原因並不在於政府的措施,而是在於人們的懶惰。

That a lot of social problems have not been solved for such a long time is not attributable to the inefficiency of government policies but rather in peoples' laziness.

4. 處於…之中　　　　　　to be in…state/situation

\* ……,處於“恐懼與貧乏”之中。

1 ）無家可歸的人的生活處於饑寒交迫之中。

The homeless live in a cold and hungry state.

2 ）校園內的暴力事件使每個人都處於緊張狀態之中。

The violence on campus made everyone nervous.

5. 把…列為　　　　　　to list…as

\* 世界銀行把美國列為世界“第四富國”。

1 ）他決定把 MIT 列為他讀研究所的第一選擇。

He decided to make M.I.T. his first choice for graduate school.

2 ）把《紐約時報》列為每天必讀的報紙是他多年來的習慣。

Reading "The New York Times" daily has been a habit of his for many years.

3 ）把他列為最佳運動員一點兒都不過分。

Calling him the best sportsman is not at all an exaggeration.

6. 把…作為…　　　　　　to take…as…

198

\*　把"免於恐懼與貧乏"作爲理想。

1 ）　他受洗禮以後，把聖經作爲自己行爲的準則。

> After he was baptised, he made the Bible his standard in all he did.

2 ）　蘇聯滅亡以後,全世界的反共勢力把中國作爲他們的主要目標。

> After the Soviet Union disintegrated, the anti-Communist powers all over the world made China their main target.

1. 寫出這幅畫所畫的是甚麼人,甚麼事。

2. 寫出畫中的人正在叫喊的話。

3. 根據你自己的理解給這幅畫寫一個標題。

人民日报（海外版）

# "人權衛士"爲何怕談生存權？

喻權域

這幾年，西方某些人到中國，幾乎言必談人權問題。可是，當我們提到人權中的"第一權"——生存權時，這些"人權衛士"立卽避開，"顧左右而言他"。有時，他們還倒打一耙，怪中國人"太看重生存權"。

我曾苦思其中的奧秘。起初，以爲是他們缺乏敎養，文化水平低，沒讀過美國《獨立宣言》和聯合國通過的《世界人權宣言》，不懂得生存權是"第一人權"。後來研究了西方的人權狀況，並與中國對比，這才恍然大悟。第一，那些"人權教師爺"多屬資產階級，一向視普通勞動人民如草芥。他們豐衣足食，生活奢侈，居處有保安設施，出門有防彈汽車，自己的生存權有保障，哪管老百姓死活？第二，西方人民群衆的生存權受到嚴重威脅和侵犯，比中國差得太遠，所以"人權衛士"們怕談生存權。

我們拿呼喊人權調門最高的美國來比比看吧。

一九九○年，每十萬人口中，美國有八個人被殺死（中國不到二人），三百多人被傷害（中國不到七人），七十多名婦女被強姦（中國爲四名），二百多人被搶劫（中國爲七人），五千多人被偷盜（中國爲一百六十起盜竊案）。美國的一位外交官曾私下對我說：在美國的紐約、華盛頓等城市，單個人深夜是不敢到小街道上行走的；在你們中國，我可以放心地在大街小巷作徹夜之遊。

據世界銀行一九九○年發表的報告：一九八八年，中國的"粗死亡率"（卽"人口死亡率"）爲千分之七（按：一九九○年已降爲千分之六點六七），美國的"粗死亡率"高達千分之九。美國人死得太多了！

美國人權狀況之所以糟糕，病根在於它的社會制度違反人性。一方面是少數富翁擁有億元、十億元、百億元財富，一方面是千百萬窮光蛋一無所有，處於"恐懼與匱乏"之中。

按人均國民生產總值，世界銀行把美國列爲"第四富國"。但是，美國有大批窮人無家可歸，只能露宿街頭。冬天是三四十萬，夏天是三四百萬，年平均二百五十萬人以上。據美國前總統卡特説，"這些人根本就沒有房子住，在大街上睡，蓋着報紙，或者睡在紙盒子裏。"中國的經濟水平遠不如美國，人口卻是美國的四倍半。按美國的比率，中國至少應該有一千一百二十萬人因無家可歸而露宿街頭。實際有多少呢？我曾當面問民政部部長崔乃夫。崔部長説：我負責任地告訴你，我國人民中因無家可歸而露宿街頭的人，平均每年爲十五萬，他們都及時得到民政部門的安置。

一九六六年十二月十六日通過的"聯合國人權公約"，把"免於恐懼和匱乏"作爲理想。在這兩方面，中國都把美國比下去了，顯示出社會主義制度優於資本主義。難怪一提到生存權，美國的"人權衛士"就心虛，要"顧左右而言他"。

因爲資本主義制度違反人性，使人性扭曲、異化，所以美國的犯罪率特別高。現在美國監獄裏關着一百多萬人。每十萬美國人中，有在押犯四百一十三人，這樣高的比率是"世界冠軍"，比中國（99／10萬人）高三點一倍，比名聲很糟的南非（333／10萬人）還高三分之一。

我國的監獄和勞改場所，是改造罪犯，使罪犯新生的地方。從那裏釋放出來的人，百分之九十以上成爲好人，只有百分之六至百分之八重新犯罪。美國的監獄呢，正如高爾基所説，那是"犯罪大學"。從美國監獄刑滿釋放出來的人，有百分之四十一點四重新犯罪，其中不少人比過去更壞，更凶殘，使美國人民的生存權受到更多的侵犯，更大的威脅。如此惡性循環，永無寧日。

美國的"人權衛士"缺乏自知之明，本國的人權狀況一塌糊塗卻"雄赳赳"地對別國發動"人權攻勢"，指手畫脚地敎訓中國人：中國人與他談生存權，他又心虛害怕，只能胡攪蠻纏。這叫什麼？《紅樓夢》裏有一句話："應臉人難免應臉事。"

人權論壇

《人民日报》海外版一九九一年一月二日

## （十四）
## 美国社会风气每况愈下
美国圆

"美国现在是一天天地烂下去"。

一位六十年代来美国念书的朋友,谈起他这三十年来在美国的亲身经验,感慨地说出这句话来。

朋友的话一点也没有错,美国的确是一点一点地烂下去了。这里指的不只是经济实力,也是美国道德的堕落。

### 可望而不可即

一九九〇年开始,一位历史学家在报上写文章说,希望九十年代是"我们"时代的重归。他认为,六十年代是"我们"的时代。但八十年代以"我"为中心的个人主义充斥全国,美国人变得更唯利是图。所以,才有人大声疾呼希望"我们"年代的再来临。

九十年代的第一年,对两亿五千万的普通美国人而言,那是血的回忆,全美各大城市凶杀案以两位数字

《人民日報》海外版一九九一年一月二日

# （十四）
# 美國社會風氣每況愈下

姜國圓

“美國現在是一天天地爛下去”。

一位六十年代來美國念書的朋友,談起他這三十年來在美國的親身經驗,感慨地說出這句話來。

朋友的話一點也沒有錯,美國的確是一點一點地爛下去了。這裏指的不只是經濟實力,也是美國道德的墮落。

## 可望而不可即

一九九〇年開始,一位歷史學家在報上寫文章說,希望九十年代是“我們”時代的重歸。他認爲,六十年代是“我們”的時代。但八十年代以“我”爲中心的個人主義充斥全國,美國人變得更唯利是圖。所以,才有人大聲疾呼希望“我們”年代的再來臨。

九十年代的第一年,對兩億五千萬的普通美國人而言,那是血的回憶,全美各大城市凶殺案以兩位數字的速度增加。以第一大城市的纽约为例,一九九〇年的凶杀案打破了两千二百宗的历史记录。这比去年的凶杀数字上升了三百宗,比起一九七〇年"我们"的年代,更整整增加了一倍。首都华盛顿,成了最不安全的地区,按人口平均计算,凶杀案排名第一。

美国道德败坏,不是在一九九〇年才出现的。六十年代来美国的朋友,都知道那时美国根本不可能有今天的情况。六十年代的美国,是现代的中年人怀念的"好日子"。"好日子"代表了富强;"好日子"代表了典型的小城乡文化。那时,路旁的卖报纸机,人们都是老老实实地投下一枚铜板拿一份。那时的人绝不可能想像今天报商在售报机内的每份报纸上盖一个印,上面写着"如果有人向你兜售这份报纸,请通知警察。"

## 贫富不均问题丛生

道德下降,当然并不是美国人突然变坏,而是由于贫富不均的社会问题所引起的。

社会上的两极分化,使富者愈富,贫者愈贫。由于七十年代的石油危机,大城市经济不景气,结果失业者增加,犯罪案件上升,富者开始迁出市区,搬到郊区去。

的速度增加。以第一大城市的紐約爲例,一九九〇年的凶殺案打破了兩千二百宗的歷史記錄。這比去年的凶殺數字上升了三百宗,比起一九七〇年"我們"的年代,更整整增加了一倍。首都華盛頓,成了最不安全的地區,按人口平均計算,凶殺案排名第一。

美國道德敗壞,不是在一九九〇年才出現的。六十年代來美國的朋友,都知道那時美國根本不可能有今天的情況。六十年代的美國,是現代的中年人懷念的"好日子"。"好日子"代表了富強;"好日子"代表了典型的小城鄉文化。那時,路旁的賣報紙機,人們都是老老實實地投下一枚銅板拿一份。那時的人絕不可能想像今天報商在售報機內的每份報紙上蓋一個印,上面寫着"如果有人向你兜售這份報紙,請通知警察。"

## 貧富不均問題叢生

道德下降,當然並不是美國人突然變壞,而是由於貧富不均的社會問題所引起的。

社會上的兩極分化,使富者愈富,貧者愈貧。由於七十年代的石油危機,大城市經濟不景氣,結果失業者增加,犯罪案件上升,富者開始遷出市區,搬到郊區去。

所以,像华盛顿、纽约、底特律这些失业率、罪案率很高的大城市,都发展了供中产阶级居住的郊区。而住在郊区的人,都比较保守,很少和旁人往来,他们最大的目标,便是赚钱。

美国在短短两百年之间成为世界第一大国。四十年来,美国最大的敌人是苏联,现在,冷战已结束,美国人面临的不再是苏联,而是整个国家的道德崩溃。

讨论题:

1. 你同意作者用"我们的时代"和"我的时代"来说明六十年代和九十年代的美国吗?

2. 许多人总认为过去的社会比现在的好,其实最近几十年来,美国在各方面都有一些进步,如妇女的地位提高了,少数民族也都取得了比较平等的待遇,我想在许多方面是现在比过去好,你同意吗?

3. 社会道德跟经济情况有没有关系?

所以,像華盛頓、紐約、底特律這些失業率、罪案率很高的大城市,都發展了供中產階級居住的郊區。而住在郊區的人,都比較保守,很少和旁人往來,他們最大的目標,便是賺錢。

美國在短短兩百年之間成為世界第一大國。四十年來,美國最大的敵人是蘇聯,現在,冷戰已結束,美國人面臨的不再是蘇聯,而是整個國家的道德崩潰。

討論題:

1. 你同意作者用"我們的時代"和"我的時代"來說明六十年代和九十年代的美國嗎?

2. 許多人總認為過去的社會比現在的好,其實最近幾十年來,美國在各方面都有一些進步,如婦女的地位提高了,少數民族也都取得了比較平等的待遇,我想在許多方面是現在比過去好,你同意嗎?

3. 社會道德跟經濟情況有沒有關係?

# 生 詞

| | | | |
|---|---|---|---|
| 風氣 | 风气 | fēngqì | morale |
| 每況愈下 | 每况愈下 | měikuàng yùxià | to go from bad to worse |
| 爛 | 烂 | làn | to rot |
| 年代 | | niándài | decade |
| 親身經驗 | 亲身经验 | qīnshēnjīngyàn | personal experience |
| 感慨 | | gǎnkǎi | emotionally |
| 指 | | zhǐ | to refer |
| 實力 | 实力 | shílì | actual strength |
| 道德 | | dàodé | moral |
| 墮落 | 堕落 | duòluò | to degenerate |
| 可望而不可即 | | kěwàngér bùkějí | within sight but beyond reach |
| 歷史學家 | 历史学家 | lìshǐxuéjiā | historian |
| 文章 | | wénzhāng | to write articles |
| 時代 | 时代 | shídài | era, time |
| 重歸 | 重归 | chóngguī | the return |
| 認爲 | 认为 | rènwéi | to think |

| | | | |
|---|---|---|---|
| 個人主義 | 个人主义 | gèrénzhǔyì | individualism |
| 充斥 | | chōngchì | to flood |
| 唯利是圖 | 唯利是图 | wéilìshìtú | to profit before everything |
| 大聲疾呼 | 大声疾呼 | dàshēngjíhū | harshly shout |
| 來臨 | 来临 | láilín | to come; to arrive |
| 普通 | | pǔtōng | ordinary |
| 對…而言 | 对…而言 | duì … éryán | as for …; speaking of … |
| 回憶 | 回忆 | huíyì | reminiscences |
| 凶殺案 | 凶杀案 | xiōngshāàn | a case of murder |
| 位 | | wèi | figure; digit |
| 數字 | 数字 | shùzì | number |
| 速度 | | sùdù | speed |
| 增加 | | zēngjiā | to increase |
| 以…爲例 | 以…为例 | yǐ … wéilì | to take … as an example |
| 打破 | | dǎpò | to break |
| 宗 | | zōng | AN for law cases |
| 記錄 | 记录 | jìlù | record |
| 上升 | | shàngshēng | to go up; to rise |

| 整 | | zhěngzhěng | fully |
| 比起 | | bǐqǐ | 比 |
| -倍 | | -bèi | (number)-fold; times |
| 首都 | | shǒudū | capital |
| 華盛頓 | 华盛顿 | Huáshèngdùn | Washington |
| 安全 | | ānquán | secure, safe |
| 地區 | 地区 | dìqū | district |
| 按 | | àn | according to |
| 平均 | | píngjūn | average |
| 計算 | 计算 | jìsuàn | to compute |
| 排名 | | páimíng | to rank |
| 敗壞 | 败坏 | bàihuài | to degenerate, to corrupt |
| 出現 | 出现 | chūxiàn | to come out; to appear |
| 懷念 | 怀念 | huáiniàn | to cherish the memory of |
| 代表 | | dàibiǎo | to represent |
| 富強 | | fùqiáng | prosperous and strong |
| 典型 | | diǎnxíng | typical |

| | | | |
|---|---|---|---|
| 小城鄉文化小城乡文化 | | xiǎochéngxiāng wénhuà | small town mentality |
| 老老實實 | 老老实实 | lǎolǎoshíshí | honestly |
| 投 | | tóu | to drop |
| 枚 | | méi | AN for stamps, coins, etc.) |
| 銅板 | 硬币 *yìng bì* 铜板 | tóngbǎn | copper coin |
| 絕 | 绝 | jué | absolutely |
| 想像 | | xiǎngxiàng | to imagine |
| 報商 | 报商 | bàoshāng | newspaper agent |
| 售 | | shòu | to sell |
| 內 | | nèi | inside |
| 蓋印 | 盖印 | gàiyìn | to stamp |
| 兜售 | | dōushòu | to peddle |
| 通知 | | tōngzhī | to inform; to report |
| 貧富 | 贫富 | pínfù | poor and rich |
| 不均 | | bùjūn | uneven |
| 叢生 | 丛生 | cóngshēng | (here) to break out; (of plants) to grow thickly |
| 下降 | | xiàjiàng | to decline |
| 突然 | | tūrán | suddenly |

| | | | |
|---|---|---|---|
| 兩極分化 | 两极分化 | liǎngjífēnhuà | polarization; polarity |
| 引起 | | yǐnqǐ | to be the result of; result from |
| 愈 | | yù | more |
| 石油 | | shíyóu | petroleum, oil |
| 危機 | 危机 | wēijī | crisis |
| 不景氣 | 不景气 | bùjǐngqì | recession |
| 結果 | 结果 | jiéguǒ | as a result |
| 失業 | 失业 | shīyè | unemployment |
| 犯罪案件 | | fànzuìànjiàn | cases of crime |
| 遷 | 迁 | qiān | to move |
| 市區 | 市区 | shìqū | urban district |
| 郊區 | 郊区 | jiāoqū | suburbs |
| 底特律 | | Dǐtèlǜ | Detroit |
| -率 | | lǜ | rate |
| 發展 | 发展 | fāzhǎn | to develop |
| 供 | | gōng | to supply |
| 中産階級 | 中产阶级 | zhōngchǎn jiējí | middle class |
| 居住 | | jūzhù | to reside |
| 保守 | | bǎoshǒu | conservative |
| 旁人 | | pángrén | other people |

| 往來 | | wǎnglái | to contact |
|---|---|---|---|
| 目標 | 目标 | mùbiāo | target; goal |
| 便 | | biàn | 就 |
| 賺錢 | 赚钱 | zhuànqián | to make money |
| 敵人 | 敌人 | dírén | enemy |
| 蘇聯 | 苏联 | Sūlián | Soviet Union |
| 冷戰 | 冷战 | lěngzhàn | The Cold War |
| 結束 | 结束 | jiéshù | to end |
| 面臨 | 面临 | miànlín | to face |
| 崩潰 | 崩溃 | bēngkuì | to collapse |

# 美國社會風氣每況愈下

## 詞語例句

1. 不只是 ⋯,也是⋯                    not only⋯, but⋯

   * 這裏指的不只是經濟實力,也是美國道德的墮落。

   1) 這兒不只是商業中心,也是旅游中心。

      This place is not only a commercial center, but a tourist center as well.

   2) 他所提出來的不只是他個人的問題,也是全社會的問題。

      The issue he raised is not only his personal problem, but also a problem of the whole society.

2. 以⋯爲⋯                    take⋯as⋯

   * 八十年代以"我"爲中心的個人主義充斥全國,美國人變得更唯利是圖。

   1) 以戈爾巴喬夫爲中心的蘇聯政府已不存在了。

      The Soviet government which had Gorbechev as its leader no longer exists.

   2) 今年他們打算以改善社會環境爲工作的中心。

      This year, they plan to take the improvement of the social environment as the most important focus of their work.

3. 對⋯而言 ＝ 對⋯來説                    as for⋯, as to⋯

   * 九十年代的第一年,對兩億五千萬的普通美國人而言,那是血的回憶。

   1) 兩萬多美元一年的學費,對一個普通家庭而言,實在太貴了。

One year's tuition of more than $20,000.00 is simply too expensive for the ordinary American family.

2）"言論自由"對共産黨國家的人民而言,只是一句空話。

For the people in Communist countries, "freedom of speech" is an empty expression.

4. 以…爲例 　　　　　take…as an example

* 以第一大城市的紐約爲例,一九九零年的凶殺案打破了兩千兩百宗的歷史記録。

1）以人口平均收入爲例,中國只能屬於第三世界。

In taking the average income per capita as an example, China only belongs to the Third World.

2）研究資本主義,不以美國爲例,要以哪國爲例呢?

In studying capitalism, if the United States is not considered as an example, then what other countries are you going to study?

5. 比起… ＝ 跟…（相）比 　　　compared with…

* 比起一九七〇年"我們"的年代,更整整增加了一倍。

1）比起電影,電視是更有效的宣傳工具。

Compared with film, television is a more effective vehicle for propaganda.

2）比起美國,中國的社會治安好得多。

Compared with the U.S., China is much safer.

6. 按…計算 　　　　　to count according to…

* 按人口平均計算,凶殺案排名第一。

1）按平均成績計算,她是全系第一。

According to grade point averages, she is the top student in the department.

2）按每人二十塊錢計算,兩百塊錢應該够了。

If we figure twenty dollars per person, two hundred dollars should be enough.

7. 並不是…, 而是…　　　　　　　　not really…, but…

* 道德下降,當然並不是美國人突然變壞,而是由於貧富不均的社會問題所引起的。

1）這並不是我個人的看法,而是大家的看法。

This really isn't only my opinion, but the opinion of the whole group.

2）你所聽到的並不是新聞報導,而是政治宣傳。

What you heard is really not a news report, but political propaganda.

8. A 是 由於 B 所引起的　　because of…; resulting from…; to be caused by…

* …而是由於貧富不均的社會問題所引起的。

1）人們不了解海灣戰爭的真相是由於新聞報導不真實所引起的。

The reason that people don't know the facts concerning the Gulf War is that the news reports were biased.

2）這家公司的倒閉是由於經營不當所引起的。

The bankruptcy of the company was caused by the poor management.

9. 不再是…,而是…　　　　　　not…any more, but…

* 美國人面臨的不再是蘇聯,而是整個國家的道德崩潰。

1）畢業生們面臨的不再是考試問題,而是找工作的問題。

Those graduating students are no longer confronted by exams, but by the problem of finding a job.

2） 他已不再是我的朋友,而是我的敵人。

He is no longer my friend, but my enemy.

3） 德國不再是一個分裂的國家,而是一個統一的國家。

Germany is not a divided country any longer, but is now a united one.

1.詳細地説一説這幅畫是甚麼意思。

2.根據你自己的理解給這幅畫寫一個標題。

人民日報（海外版）

# 美國社會風氣每況愈下

姜國圓

"美國現在是一天天地爛下去。"

一位六十年代來美國念書的朋友，談起他這三十年來在美國目睹親受的經歷，不無感慨地說出這句話來。

朋友的話一點也沒有錯，美國的確是一點一點地爛下去了。這裏指的不是經濟實力，因為這裏頭還有客觀因素的存在。爛下去，是由於美國道德墮落到令善良的人們心驚膽戰，簡直無法處身其中的境地。

## 可望而不可卽

一九九〇年伊始，一位歷史學家在報上撰文說，希望九十年代是"我們"時代的重歸。他認為，六十年代的"我們"年代，洗刷了大眾的心靈，使美國社會獲得自內戰以來最大的良心震盪。但八十年代"我"字當頭的個人主義充斥全國，美國人變得更唯利是圖、猥瑣齷齪。所以，才有人大聲疾呼希望"我們"年代的再來臨，一洗八十年代的烏煙瘴氣。

結果，這位歷史學家的吶喊，消失於更濃濁不堪的道德敗壞空氣中。

九十年代的第一個年頭，對二億五千萬的普通美國人而言，那是血的回憶，全美各大城市凶殺案以兩位數字的速率增加。以第一大城的紐約為例，一九九〇年的凶案打破歷史紀錄的二千二百宗大關，不過是時間問題。這比去年的凶殺數字上升三百宗，比起一九七〇年"我們"的年代，更整整激增一倍。首都華盛頓，成了首惡之區，按人口平均計凶殺案排名第一。

最最典型的是"垃圾債券"大王米爾金鋃鐺下獄。這位華爾街大亨，比起米高·德格拉斯在電影《華爾街》的大鱷蓋爾科毫不遜色。米爾金以內幕交易成為美國在八十年代這"貪婪十年"裏家喻戶曉的人物。

必須說，美國道德敗壞，不是在一九九〇年才出現的。六十年代來美國的朋友，都知道那時美國根本不可能有今天的情況。六十年代的美國，是現在的中年人懷念的"好日子"。"好日子"代表了富強，高速公路一連好幾百英里的路燈都是長年亮着；"好日子"代表典型的小城鄉文化的內聚精神。那時，路旁的賣報紙機，人們都是老老實實地投下一枚銅板拿一份。那時的人絕不可能想象今天報商在售報機內的每份報紙上蓋一個印，上面寫着"如果有人向你兜售這份報紙，請通知警察。"

## 貧富不均 問題叢生

道德下降，主觀上當然不是美國人突然變壞，但客觀上是由於貧富不均的社會問題所致，則不能否認。追源溯流，那是共和黨的經濟政策把兩極分化推到極端所致。

社會上的兩極分化，導致富者愈富，貧者愈貧。由於七十年代的石油危機，大城市經濟不景氣，以致失業漢增加，罪案上升，富者開始遷出市區，搬到郊區去。所以，像華盛頓、紐約、底特律這些城市失業率、罪案率高企不下的大都市，都衍生了供中產階級居住的郊區。發展下去，市區亂作一團，社會計劃經費大幅被削減，青少年鋌而走險，結帮成派，再而殺人販毒。而郊區的"嬰兒潮"那類精英階層，由於普遍持保守思想，少和旁人往來，在切斷社區聯繫下，個人主義得以乘機出頭，於是，他們最大的目標，便是在於關起門來想着賺錢大計。

美利堅合眾國在短短兩百年間一躍成為世界第一大國。四十年來，美國把國家的生與死繫於對蘇聯的核子競賽上，如今，冷戰已矣，美國人面臨的不再是蘇聯，而是整個國家的道德崩潰。（原載香港《大公報》）（續完）

# 《人民日报》笔下的美国

周质平

　　《人民日报》是中国最主要的官方报纸,虽然这份报纸叫做"人民"日报,但它却很少反映人民的意见,而是代表政府的宣传。

　　一九四九年以来,中美关系在表面上由敌对慢慢地转向友好;由相互之间完全没有来往到各方面都进行交流沟通,这当然是非常可喜的转变。但是如果我们注意《人民日报》对美国所做的报导,就不难看出:这些转变还只是表面的现象。在政治上和意识形态上中国政府并没有把美国看做一个真正的朋友。

　　《人民日报》时时提醒中国老百姓美国社会种种不合理的现象,如:贫富不均,犯罪率极高,种族歧视,滥用童工,商业广告成灾,道德低落,失业问题严重等等。当然,美国社会是有这些问题的;但是《人民日报》有意地夸大甚至于歪曲这些现象也是事实。换句话说,中国的官方报纸是有计划地突出美国社会的黑暗面,有目的地丑化美国。它是要让中国老百姓觉得美国并不是一个可爱的地方。但最大的讽刺却是:无论《人民日报》怎么丑化美国,美国还是许多中国人,尤其是

# 《人民日報》筆下的美國

周質平

　　《人民日報》是中國最主要的官方報紙,雖然這份報紙叫做"人民"日報,但它却很少反映人民的意見,而是代表政府的宣傳。

　　一九四九年以來,中美關係在表面上由敵對慢慢地轉向友好;由相互之間完全没有來往到各方面都進行交流溝通,這當然是非常可喜的轉變。但是如果我們注意《人民日報》對美國所做的報導,就不難看出:這些轉變還只是表面的現象。在政治上和意識形態上中國政府並没有把美國看做一個真正的朋友。

　　《人民日報》時時提醒中國老百姓美國社會種種不合理的現象,如:貧富不均,犯罪率極高,種族歧視,濫用童工,商業廣告成災,道德低落,失業問題嚴重等等。當然,美國社會是有這些問題的;但是《人民日報》有意地誇大甚至於歪曲這些現象也是事實。換句話說,中國的官方報紙是有計劃地突出美國社會的黑暗面,有目的地醜化美國。它是要讓中國老百姓覺得美國並不是一個可愛的地方。但最大的諷刺却是:無論《人民日報》怎麼醜化美國,美國還是許多中國人,尤其知识分子所最向往的国家。从这个事实我们可以看出：老百姓并不是像政府想像的那么愚蠢,他们有自己的判断,他们知道什么是宣传,什么是事实。

如果美国真的像《人民日报》所说的那么糟,为什么那么多中国人要设法留在美国呢?中国知识份子向往美国,物质条件的优裕固然是主要原因之一,但是民主与自由更是他们近一百年来所追求的目标。

一个自由国家跟一个集权国家最大的不同就是他们的新闻事业。自由国家的新闻事业往往起监督政府的作用,是揭露社会和政治上的黑暗的;而集权国家的新闻事业却完全是受政府控制的,是政府的宣传机构。当然,任何新闻报导都是宣传,但宣传却不一定是新闻。我们只要看看《纽约时报》和《人民日报》,就不难看出这种不同。

我们从一九九〇和一九九一这两年的《人民日报》中选了十四篇报导美国的新闻和短评,作为语言读本。从这几篇文章里,我们不但可以看到《人民日报》笔下的美国,同时也可以了解中国的新闻事业。

是知識分子所最嚮往的國家。從這個事實我們可以看出: 老百姓並不是像政府想像的那麼愚蠢,他們有自己的判斷,他們知道甚麼是宣傳,甚麼是事實。

　　如果美國真的像《人民日報》所説的那麼糟,爲甚麼那麼多中國人要設法留在美國呢? 中國知識份子嚮往美國,物質條件的優裕固然是主要原因之一,但是民主與自由更是他們近一百年來所追求的目標。

　　一個自由國家跟一個集權國家最大的不同就是他們的新聞事業。自由國家的新聞事業往往起監督政府的作用,是揭露社會和政治上的黑暗的;而集權國家的新聞事業却完全是受政府控制的,是政府的宣傳機構。當然,任何新聞報導都是宣傳,但宣傳却不一定是新聞。我們只要看看《紐約時報》和《人民日報》,就不難看出這種不同。

　　我們從一九九〇和一九九一這兩年的《人民日報》中選了十四篇報導美國的新聞和短評,作爲語言讀本。從這幾篇文章裏,我們不但可以看到《人民日報》筆下的美國,同時也可以了解中國的新聞事業。

# 生 詞

| | | | |
|---|---|---|---|
| 日報 | 日报 | rìbào | daily newspaper |
| 主要 | | zhǔyào | main |
| 官方 | | guānfāng | official |
| 反映 | | fǎnyìng | to reflect |
| 意見 | 意见 | yìjiàn | opinion |
| 代表 | | dàibiǎo | to represent |
| 政府 | | zhèngfǔ | government |
| 宣傳 | 宣传 | xuānchuán | propaganda |
| 關係 | 关系 | guānxì | relationship |
| 表面上 | | biǎomiànshàng | on the surface |
| 敵對 | 敌对 | díduì | hostile |
| 轉向 | 转向 | zhuǎnxiàng | to turn to |
| 友好 | | yǒuhǎo | friendly |
| 相互之間 | 相互之间 | xiānghùzhījiān | each other |
| 來往 | 来往 | láiwǎng | correspondence |
| 進行 | 进行 | jìnxíng | to carry out |
| 交流 | | jiāoliú | to exchange |
| 溝通 | 沟通 | gōutōng | to link up |
| 可喜 | | kěxǐ | encouraging |

| | | | |
|---|---|---|---|
| 報導 | 报导 | bàodǎo | a report |
| 轉變 | 转变 | zhuǎnbiàn | change |
| 現象 | 现象 | xiànxiàng | phenomenon |
| 意識形態 | 意识形态 | yìshìxíngtài | ideology |
| 時時 | 时时 | shíshí | from time to time; frequently |
| 提醒 | | tíxǐng | to remind |
| 老百姓 | | lǎobǎixìng | people |
| 種種 | 种种 | zhǒngzhǒng | various kinds |
| 不合理 | | bùhélǐ | irrational |
| 貧富 | 贫富 | pínfù | poor and rich |
| 不均 | | bùjūn | uneven |
| 犯罪率 | | fànzuìlǜ | crime rate |
| 種族歧視 | 种族歧视 | zhǒngzúqíshì | racial discrimination |
| 濫用 | 滥用 | lànyòng | to use indiscriminately |
| 童工 | | tónggōng | child laborer |
| 商業 | 商业 | shāngyè | commercial |
| 廣告 | 广告 | guǎnggào | advertisement |
| 成災 | 成灾 | chéngzāi | to cause / to become disaster |
| 道德 | | dàodé | moral |

| | | | |
|---|---|---|---|
| 低落 | | dīluò | low and degrading |
| 失業 | 失业 | shīyè | unemployment; lay-off |
| 嚴重 | 严重 | yánzhòng | serious |
| 有意地 | | yǒuyìde | intentionally |
| 誇大 | 夸大 | kuādà | to exaggerate |
| 甚至於 | 甚至于 | shènzhìyú | even |
| 歪曲 | | wāiqū | to distort |
| 事實 | 事实 | shìshí | truth |
| 換句話説 | 换句话说 | huànjùhuàshuō | in other words |
| 有計劃地 | 有计划地 | yǒujìhuàde | in a planned way; deliberately |
| 突出 | | tūchū | to give prominence to; to stress |
| 黑暗面 | | hēiànmiàn | dark side of things |
| 有目的地 | | yǒumùdìde | purposely |
| 醜化 | 丑化 | chǒuhuà | to defame |
| 諷刺 | 讽刺 | fěngcì | satire |
| 無論 | 无论 | wúlùn | no matter |
| 知識分子 | 知识分子 | zhīshìfènzǐ | intellectual |
| 嚮往 | 向往 | xiàngwǎng | to yearn for |
| 想象 | | xiǎngxiàng | to imagine |

| | | | |
|---|---|---|---|
| 愚蠢 | | yúchǔn | stupid |
| 判斷 | 判断 | pànduàn | judgment |
| 宣傳 | 宣传 | xuānchuán | propaganda |
| 設法 | 设法 | shèfǎ | to try every way |
| 物質 | 物质 | wùzhì | material |
| 條件 | 条件 | tiáojiàn | condition |
| 優裕 | 优裕 | yōuyù | affluence |
| 原因 | | yuányīn | reason |
| 民主 | | mínzhǔ | democracy |
| 追求 | | zhuīqiú | to pursue |
| 目標 | 目标 | mùbiāo | goal |
| 集權 | 集权 | jíquán | centralization of state power |
| 新聞事業 | 新闻事业 | xīnwénshìyè | the news undertaking |
| 往往 | | wǎngwǎng | usually |
| 監督 | 监督 | jiāndū | to supervise |
| 起…作用 | | qǐ... zuòyòng | to perform the function of ... in |
| 揭露 | | jiēlù | to expose |
| 受 | | shòu | 被 |
| 控制 | | kòngzhì | to control |

| | | | |
|---|---|---|---|
| 機構 | 机构 | jīgòu | organ; system |
| 選 | 选 | xuǎn | to select |
| 短評 | 短评 | duǎnpíng | short commentary |
| 讀本 | 读本 | dúběn | textbook; reader |

# 《人民日報》筆下的美國

## 詞語例句

1. 由…轉向…　　　　　to turn from…to

   \* 中美關係在表面上由敵對慢慢地轉向友好。

   １） 資本主義正在由衰退轉向滅亡嗎?

   Is capitalism on the verge of going from depression to extinction?

   ２） 生活水平提高了,老百姓的追求已由物質漸漸地轉向精神。

   Due to the improvement in living standards, people have gone from the pursuit of material things to the pursuit of spiritual pleasures.


2. 由…到…　　　　　from…to…

   \* 由相互之間完全沒有來往到各方面都進行交流溝通。

   １） 學中國字由繁體到簡體比由簡體到繁體要容易一點兒。

   In learning Chinese characters, it is easier to learn simplified characters after having learned traditional characters than to do it the other way around.

   ２） 中國的報紙由官方的《人民日報》到地方的各種小報都是一個論調。

   In China, newspapers all follow the same view, from the Party's official People's Daily all the way down to local newspapers.


3. 無論…,　　　　　no matter+ QW/v. not v. /…還是…

   \* 無論《人民日報》怎麼醜化美國,…。

   １） 無論學校採取甚麼措施,校園內的暴力還是不斷發生。

No matter what kind of measures the school adopts, violence on campus doesn't stop.

２）無論別人支持還是反對,我都不在乎。＝ 無論別人支持不支持,我都不在乎。

I don't care if people support me or are against me.

4. 從…看出,　　　　　　　to tell/to see from…

* 從這個事實我們可以看出,…。

１）從這件事可以看出美國的種族歧視還相當嚴重。

It can be seen from this incident that racial discrimination in the U.S. is still a serious issue.

２）人們可以從股票市場的行情看出目前的經濟狀況。

You can tell the present economic situation from the changes in the stock market.

5. A 跟 B 的不同是…　　　the differnce between A and B is…

* 一個自由國家跟一個集權國家最大的不同就是他們的新聞事業。

１）社會主義跟資本主義最大的不同是社會制度還是經濟政策呢?

Does the greatest difference between socialism and capitalism lie in the social system or in economic policies?

２）新聞報導跟政治宣傳的不同是甚麼呢?

What is the difference between news reports and political propaganda?

6. 只要…就…　　　　　as long as

* 我們只要看看《紐約時報》和《人民日報》,就不難看出這種不同。

1 ）新總統只要不增加稅收,老百姓就會擁護他。

As long as the new president doesn't increase taxes, the people will support him.

2 ）只要努力工作就會成功。

As long as one works hard, one will succeed.

# 生 詞 索 引

本索引按漢語拼音字母次序排列。

各詞條後的數目字表示該詞條所出現的課數。

# INDEX

diàochá, 調查, to investigate; an investigation, 1, 2, 3, 6, 11

diū, 丟, to lose, 2

Dōngnányà, 東南亞, Southeast Asia, 5

dōushòu, 兜售, to peddle, 14

dòuzhēng, 鬥爭, struggle, 8

dúběn, 讀本, textbook; reader, 15

dúdǎ, 毒打, to beat up cruelly, 4

dúpǐn, 毒品, drugs, 11

duǎnbō, 短波, shortwave, 10

duǎnpíng, 短評, short commentary, 15

duàn, 段, paragraph, 10

duì ... éryán, 對 ...而言, as for ...; speaking of ..., 14

duìcè, 對策, the way to deal with a situation; measures, 6

duìfāng, 對方, the other party, 4

duìfù, 對付, to deal with, 4

dūn, 噸, ton, 10

duōdá, 多達, so many that it reaches; as many as, 11

duōshù, 多數, majority, 7

duòluò, 墮落, to degenerate, 14

duòtāi, 墮胎, abortion, 9


E

èhuà, 惡化, to deteriorate, 12

èmèng, 噩夢, nightmare, 12

èxìngxúnhuán, 惡性循環, vicious cycle, 13

ér, 而, however, 13

értóng, 兒童, children, 3


F

fābiǎo, 發表, to issue; to publish, 11, 13

fādá, 發達, developed, 5

fāshēng, 發生, to take place, to occur, 6, 7, 10, 11

fāxiàn, 發現, to find out, 2, 6

fāzhǎn, 發展, to develop, 9, 14

fákuǎn, 罰款, to impose a fine or penalty, 2

fǎàn, 法案, bill; proposed law, 6, 8

fǎlǜ, 法律, law, 10

fǎlǜjiè, 法律界, legal circles, 11

fǎlǜtiáowén, 法律條文, legal clause, 8

fǎn, 反 -, anti-, 6

fǎnduì, 反對, to oppose, 7, 9

fǎnyìng, 反映, to reflect, 1, 8, 15

fāngfǎ, 方法, means, methodology, 5

fāngshì, 方式, ways, methods, 5

fángdìchǎn, 房地產, real estate, 12

fàngqì, 放棄, to give up, 12

fàngxué, 放學, to get out of school, 11

fànrén, 犯人, prisoner, 8

fànzuì, 犯罪, crime, 4

fànzuìànjiàn, 犯罪案件, cases of crime, 14

fànzuìlǜ, 犯罪率, crime rate, 4, 5, 13, 15

fēifǎ, 非法, illegal; unlawful, 2, 11

fěibàng, 誹謗, slander, 9

fēnbié, 分別, respectively, 11, 12

fēnjū, 分居, to separate, 5

fēnsàn, 分散, to disperse, 1

fēnshù, 分數, score, 6

fēnxiǎng, 分享, to share (rights, joy, etc.), 7

... fēnzhī ..., ...分之..., (for fractions), 13

fèn, 份, AN for documents, newspapers, 3

fēngqì, 風氣, tendency, 11; morale, 14

fěngcì, 諷刺, satire, 15

Fóluólǐdá, 佛羅里達, Florida, 3

fūsè, 膚色, skin color, 8

fúlì, 福利, benefits, 9

fúwù, 服務, service, 2

fúzhuāng, 服裝, clothing; clothes, 2

fùnǚ, 婦女, women, 13

fùqiáng, 富強, prosperous and strong, 14

fùwēng, 富翁, a man of wealth, 13

fùzá, 複雜, complicated, 4, 7

fùzérèn, 負責任, to be responsible, 13


G

gāisǐ, 該死, Damn! Damn you!, 6

gǎigé, 改革, to reform, 5

gǎishàn, 改善, improvement, to improve, 8, 9

gǎizào, 改造, to reform; to remold, 13

gài, 蓋, to cover, 13

gàiniàn, 概念, concept, 10

gàiyìn, 蓋印, to stamp, 14

gānshè, 干涉, to interfere, 9

gǎnchū, 趕出, to drive out, 1

gǎnjī, 感激, to be grateful, 9

gǎnkǎi, 感慨, emotionally, 14

gǎnxìngqù, 感興趣, to be interested, 10

gàn, 幹, to do, 8

gāodá, 高達, as high as, 13

gāoděngjiàoyù, 高等教育, higher education, 8

gāodù, 高度, a high degree of; highly, 9

gāojí, 高級, high-quality, 3

gèrénzhǔyì, 個人主義, individualism, 14

gēnběn, 根本, essential; fundamental, 11

gēnběn, 根本, (not) at all, simply, 13

gēnchú, 根除, to eliminate; to root out, 6

gēnjù, 根據, according to, 7, 9, 10, 12

gēngdì, 耕地, cultivated land, 9

gōng, 供, to supply, 14

gōngbúyìngqiú, 供不應求, demand exceeds supply, 10

gōngchǎng, 工廠, factory, 2, 11

gōngchéngshī, 工程師, engineer, 12

gōnggòngchǎngsuǒ, 公共場所, public places, 8

gōngjī, 攻擊, an attack, 9

gōngrán, 公然, openly; publicly (derogatory use), 2

gōngshāngqǐyè, 工商企業, business circles, 12

gōngsī, 公司, company, 3

gōngyè, 工業, industrial, 5

gōngyuē, 公約, a bill(legislative bill); The Bill (of rights), 13

gōngzhòng, 公眾, the public, 10

gòngchǔ, 共處, to coexist, 8

gòngshì, 共事, to work together, 8

gòngtóng, 共同, jointly, 5, 7

gòngxiàn, 貢獻, contribution, 9

gōutōng, 溝通, to link up, 15

gūjì, 估計, to estimate, estimation, 1, 6, 7, 12

gúojì, 國際, international, 9

gùyōng, 僱傭, to employ; to hire, 2

guài, 怪, to blame, 13

guānfāng, 官方, official, 7, 8, 12, 15

guānhuái, 關懷, concern, 11

guānniàn, 觀念, opinion, 8

guānxīn, 關心, to care about, 5

guānxì, 關係, relationship, 15

guānyú, 關於, about, on, 8

guānzhù, 關注, to follow with interest; to pay close attention to, 6

guǎnjiào, 管教, to subject sb. to discipline, 4

guǎnlǐ, 管理, to manage, 7

guànjūn, 冠軍, champion, 13

guǎngbōdiàntái, 廣播電台, broadcasting or radio station, 10

guǎnggào, 廣告, an advertisement, 3, 15

guǎnggàoshāng, 廣告商, advertiser, 3

guīdìng, 規定, to stipulate, 2

guīdìngde, 規定的, stipulated, 8

guīmó, 規模, scale, scope, 5

guǐ, 鬼, devil; ghost, 6

guóhuì, 國會, Congress, 1, 8

guómínshēngchǎn zǒngzhí, 國民生產總值, GNP (Gross National Product), 13

guówùyuàn, 國務院, the State Department, 9

guòqù, 過去, in the past, 7


## H

Hāwǎnà, 哈瓦那, Havana, 10

hǎiwān, 海灣, bay; Persian Gulf (here), 10

hángyè, 行業, profession, 2

héqínghélǐ, 合情合理, reasonable, 10

hēiànmiàn, 黑暗面, dark side of things, 15

hēibáifēnmíng, 黑白分明, as distinguishable as black and white, 8

hēiguǐ, 黑鬼, a derogatory term for black people, 6

héng liáng, 衡量, to judge; to measure, 2

hōnggānjī, 烘乾機, dryer, 2

hónggōu, 鴻溝, chasm, wide gap, 8

hòuxuǎnrén, 候選人, candidate, 8

hòuyì, 後裔, descendant, 12

hūyù, 呼籲, to appeal, 5

húshuō, 胡說, sheer nonsense, 9

huāhuālǜlǜ, 花花綠綠, colorful, 3

Huáshèngdùn, 華盛頓, Washington, 14

Huáxīdùn, 華希頓, personal name, 11

-huà, -化, to become (suffix): -ize, -ify, 7

Huáěrjiē, 華爾街, Wall Street, 12

huáiniàn, 懷念, to cherish the memory of, 14

huánjìng, 環境, condition; environment, 2, 8, 9

huǎnhé, 緩和, to mitigate, 9

huànjùhuàshuō, 換句話說, in other words, 15

huíyì, 回憶, reminiscences, 14

huìyì, 會議, conference;meeting, 5

hùnluàn, 混亂, chaotic, 8

huòdé, 獲得, to achieve, 8

Huòjīnsī, 霍金斯, personal name, 6

huòzhǔn, 獲准, to be permitted to, 8


## J

jīběnshàng, 基本上, basically, 5, 10

jīgòu, 機構, organ; system, 15

jīhū, 幾乎, almost, 3, 8, 13

jīhuì, 機會, opportunity, 8, 9

jījīn, 基金, fund, 9

jīzēng, 激增, to increase sharply, soar, 4

jíquán, 集權, centralization of state power, 15

jíshí, 及時, timely, promptly, 4, 13

jǐmǎn, 擠滿, to be filled to capacity, 3

jìhuàshēngyù, 計劃生育, birth control, 9

jìlù, 記錄, record, 14

jìshùyuán, 技術員, technician, 12

jìsuàn, 計算, to compute, 14

jìshù, 技術, technical, 10

jìxù, 繼續, continuously, 9

Jiālìfúníyà, 加利福尼亞, California, 2

jiāqiáng, 加強, intensify, strengthen, 5, 7

jiāshēn, 加深, to deepen, 5

Jiāwéi, 加維, personal name, 2

jiāzhǎng, 家長, the parent or guardian of a child, 3

jiàgé, 價格, price, 3

jiàshǐ, 駕駛, to drive ( a vehicle), 2

jiàzhí, 價值, value, 3

jiàzhíguānniàn, 價值觀念, values, 7, 9

jiāndū, 監督, to supervise, 15

jiānyù, 監獄, jail, 8, 13

jiǎnhuǎn, 減緩, to alleviate, 9

jiǎntǎo, 檢討, to examine and criticize, 11

jiǎntuì, 減退, to drop, to decrease, 10

jiàn, 建, to establish, 10

jiànquán, 健全, sound; perfect, 7

jiànzhù, 建築, construction, 12

jiànzhùshī, 建築師, architect, 12

jiāng, 將, = 把, 4

jiāngjìn, 將近, nearly, 10

jiāngjūn, 將軍, general(military), 8

jiàngdī, 降低, to lower, 6, 12

jiàngwéi, 降為, to drop (lower) to, 13

jiāobùqǐ, 交不起, can't afford, 8

jiāoliú, 交流, communication, to exchange, 10, 15

238

pòhuài, 破壞, destruction, 10
pòlàn, 破爛, tattered, 8
pòshǐ, 迫使, to force, 8
pǔbiàn, 普遍, common; usual, 2
pǔtōng, 普通, ordinary, 14

## Q

qīmǎn, 期滿, to expire, 12
qíshì, 歧視, discrimination, 6, 12
qítā, 其他, other, 2, 5, 8
qízhōng, 其中, among which, 4, 8, 12, 13
qǐ, 起, AN for law cases, 4
qǐyè, 企業, business, 2
qǐ... zuòyòng, 起...作用, to perform the function of ... in, 15
qǐnéng, 豈能, how could it be (it can not be), 9
qiān, 遷, to move, 14
qiānfāngbǎijì, 千方百計, by every possible means, 8
qiānfēnzhīqī, 千分之七, 7/1000, 13
qiānshǔ, 簽署, to sign, 6
qiānxǐ, 遷徙, to move, to migrate, 8
qián, 前-, former, ex-, 13
qiánfāng, 前方, the front, 10
qiāngshā, 槍殺, to shoot dead, 4
qiángjiā, 強加, to impose ... on (somebody), 9
qiángjiān, 強姦, rape, 4, 13
qiǎngduó, 搶奪, to rob, to snatch, 4
qiǎnggòu, 搶購, to rush to purchase, 10
qiǎngjié, 搶劫, to rob, robbery, 4
qīnfàn, 侵犯, to infringe, 13
qīnfànxìng, 侵犯性, encroachment, 9
qínfèn, 勤奮, diligent, 6
qīnrù, 侵入, to intrude, 3
qīnshēnjīngyàn, 親身經驗, personal experience, 14
qǐnshì, 寢室, bedroom(in a dorm), 6
qīngshàonián, 青少年, teenagers, 1, 5
qīngxǐng, 清醒, to regain consciousness, 11
qíngkuàng, 情況, condition, 12
qíngxù, 情緒, feeling; mood, 11
qióngguāngdàn, 窮光蛋, pauper, 13
qiú, 求, to seek; to try, 3
qiúwùyù, 求物慾, craving for materials, 3
qiúxīng, 球星, star of a ball game, 3
qiúzhīyù, 求知慾, thirst for knowledge, 3, 10
qūbié, 區別, to distinguish, 3
qūfú, 屈服, to yield; to surrender, 9
qūshì, 趨勢, trend, 7
qūxiàng, 趨向, to be inclined to; to tend to, 11
quán, 權, rights, 10
quánbù, 全部, all, 10
quánlìde, 全力地, to go all out to..., 11
quánlì, 權力, power, rights, 7, 8, 9
quánqiúxìng, 全球性, global, 9
quēfá, 缺乏, to lack, 8
quēshǎo, 缺少, to lack, 10

què, 卻, however, but, yet, 5, 13
quèshí, 確實, really, 10
qún, 群, AN for group/band of people, 6
qúnzhòng, 群眾, the masses, 8

## R

rǎoluàn, 擾亂, to harass; to disturb, 3
ránér, 然而, but; however, 8, 11, 12
...rè, ...熱, intense popular interest in...,, 10
rèqíng, 熱情, enthusiasm, 8
réngrán, 仍然, still, yet, 8
rénjūn, 人均, per capita, 13
rénkǒu, 人口, population, 7, 9, 11, 12
rénkǒuzǒngshù, 人口總數, total population, 8
rénquán, 人權, human rights, 9, 13
rénshù, 人數, number of people, 11, 12
rénshì, 人士, personage; figure in ... (circles), 11
rénwénkēxué, 人文科學, humanities, 7
rénxìng, 人性, human nature, 13
rényuán, 人員, personnel, 12
rènhé, 任何, any, 7, 11
rènshí, 認識, to know, 10
rènwéi, 認為, to think, 1, 7, 8, 9, 11, 14
rènyì, 任意, willfully, 9
rènzhēn, 認真, seriously; earnestly; sincerely, 11
rúcǐ, 如此, in this way, like that, 10, 13
rùqīn, 入侵, to intrude, 3
rìbào, 日報, daily newspaper, 15
rìyì, 日益, increasingly;day by day, 4

## S

sāorǎo, 騷擾, to harass;harassment, 6
sàbīnlínnà kēlínsī, 薩賓琳娜柯林斯, Sabrina Collins, 6
sècǎi, 色彩, color, tint, 8
shā, 殺, to kill, 13
shānghài, 傷害, to injure, to hurt, 13
shāngpǐn, 商品, commodity; goods, 3
shāngwáng, 傷亡, injuries and deaths, 10
shāngyè, 商業, commercial, 3, 15
shàngdàng shòupiàn, 上當受騙, to be fooled and deceived, 3
shàngjìn, 上進, (making) progress, 3
shàngshēng, 上升, to rise; to go up, 12, 14
shǎoshùmínzú, 少數民族, minority nationality, 6, 7
shàoniánértóng, 少年兒童, children, 2, 11
shǎoshùmínzú, 少數民族, minority, 8
shěbùdé, 捨不得, to begrudge; to be reluctant to, 3
shè, 設, to set up, 6, 10
shèfǎ, 設法, to try every way, 15
shèhuìgōngzuòzhě, 社會工作者, social worker, 1

shèhuìzhìdù, 社會制度, social system, 13
shèlì, 設立, to set up, 4
shèqū, 社區, community, 8
shèshī, 設施, facilities, 10
shēntǐ, 身體, (human) body; physical, 6
shēnyè, 深夜, late at night, 13
shēnyuǎn, 深遠, deep; profound, 6
shěnjìshǔ, 審計署, audit office, 1
shènzhì, 甚至, so much so that; even, 3, 8
shènzhìyú, 甚至於, even, 15
shēngchǎn, 生產, to produce, 11
shēngcún, 生存, to live, to exist, 13
shēnghuó fāngshì, 生活方式, lifestyle, 11
shēngxìng, 生性, to be born ...., 8
shīyè, 失業, unemployment, 8, 12, 14, 15
shīzōng, 失蹤, missing, 1
shídài, 時代, era, time, 14
shíjì, 實際, real, in fact, 8, 13
shíjìshàng, 實際上, in fact, 1
shílì, 實力, strength, 5, 14
shíshí, 時時, from time to time; frequently, 15
shíyóu, 石油, petroleum, oil, 14
shízhìxìng, 實質性, substantive, 8
shì, 式, kind, 10
shìfàng, 釋放, to release, 13
shìjì, 世紀, century, 5, 7, 8
shìjiàn, 事件, an event; incident, 4, 6
Shìjièyínháng, 世界銀行, World Bank, 13
shìqū, 市區, urban district, 14
shìshí, 事實, a fact, 7, 9, 15
shìshíshàng, 事實上, as a matter of fact, 10
shìyè, 事業, cause, goal, 8
shìyìng, 適應, to suit, to meet the needs of, 5, 7
shìzhǎng, 市長, mayor, 8
shōuróngsuǒ, 收容所, collecting post, 1
shōurù, 收入, income, 2, 8
shōuyīnjī, 收音機, radio, 10
shǒudū, 首都, capital, 14
shǒushi, 首飾, jewelry, 4
shòu, 售, to sell, 14
shòu, 受, 被, 15
shòudào, 受到, to sustain, 12
shǔyú, 屬於, to be; to be sorted out to, 2
shùliàng, 數量, quantity; number, 5, 9, 11
shùzì, 數字, number, 1, 5, 14
shuāituì, 衰退, recession, 12
shuǐpíng, 水平, standard, level, 6
shuōbùtōng, 說不通, cannot be explained
　　　rationally, 10
sīfǎbù, 司法部, judicial department, 1
sīfǎwěiyuánhuì, 司法委員會, judicial
　　　committee, 4
sīkǎo, 思考, to ponder, to think deeply, 10
sīshēngzi, 私生子, illegitimate child, 5
sīxià, 私下, in private, 13
sǐwáng, 死亡, to die, death, 5, 6, 11
sǐwánglǜ, 死亡率, mortality, death rate, 8
sìhū, 似乎, it seems that; seemingly, 10

sòng, 送, to send/take ...to..., 6
Sūlián, 蘇聯, Soviet Union, 14
sùdù, 速度, speed, 14
sǔnshī, 損失, a loss, 12
suōyǐng, 縮影, miniature, 7

# T

tāntú, 貪圖, to seek greedily, 3
tánlùn, 談論, to talk about, 5
tàncèqì, 探測器, detector, 4
tángguǒ, 糖果, candy; sweets, 2
táopǎo, 逃跑, to escape, 1
táoxué, 逃學, to ditch school, to play hooky, 5
tǎolùn, 討論, to discuss, 5
tào, 套, AN: set, 7
tèdiǎn, 特點, characteristics, 12
tídào, 提到, put forward; raise; mention, 13
tígāo, 提高, to raise, 6
tígōng, 提供, to offer, to provide, 1, 9
tíxǐng, 提醒, to remind, 15
tǐxiàn, 體現, to incarnate, reflect, 8
tiǎozhàn, 挑戰, challenge, 5
tiáojiàn, 條件, condition, 15
tīngzhòng, 聽眾, audience, 10
tíngzhǐ, 停止, to stop; to call off, 9
tōngguò, 通過, through, by, 3, 6; to pass, 8, 13
tōngzhī, 通知, to inform; to report, 14
tóngbǎn, 銅板, copper coin, 14
tónggōng, 童工, child laborer, 2, 15
tóngshí, 同時, at the same time, 2, 3, 11
tǒngjì, 統計, statistics, 4, 7, 11, 12
tòngkǔ, 痛苦, pain, 10
tōudào, 偷盜, to steal, 13
tóu, 投, to drop, 14
tóuhào, 頭號, number 1; the top, 11
tóuzī, 投資, investment, 5
tūchū, 突出, prominent, 5; to give prominence
　　　to; to stress, 15
tūpò, 突破, to break through, 12
tūrán, 突然, suddenly, 14
tú, 塗, to paint, 6
tú'àn, 圖案, design; pattern, 3
túpiàn, 圖片, pictures, 10
Tǔěrqí, 土耳其, Turkey, 10
tuīxiāo, 推銷, to sell; to market, 2, 3

# W

wǎjiě, 瓦解, to collapse; to break up, 11
wāiqū, 歪曲, to distort, 15
wàijiāoguān, 外交官, diplomat, 13
wánjùxióng, 玩具熊, toy bear, 6
wánshuǎ, 玩耍, to play, 8
wǎnglái, 往來, to contact, 14
wǎngwǎng, 往往, usually, 11, 15
wēihài, 危害, to jeopardize, 5
wēihàixìng, 危害性, harmfulness, 11

wēijí, 危及, to endanger, 5

wēijī, 危機, crisis, 5, 10, 14

wēilì, 威力, power, 10

wēixiǎn, 危險, dangerous, 2

wēixié, 威脅, to threaten, 6, 13

wéi, 為, 是, 8

wéifǎn, 違反, to violate; to run counter to, 2, 13

wéilìshìtú, 唯利是圖, to profit before everything, 14

wéishùbùduō, 為數不多, a small number of, 8

wéixì, 維繫, to have a bearing on (in this context), 5

wéiyī, 唯一, only and sole, 7

wèi, 位, figure; digit, 14

wèichéngnián, 未成年, minor (non-adult), 1

wèihé, 為何, 為甚麼, 13

wèilái, 未來, future, 5

wèishì, 衛士, guard, 13

wēnnuǎn, 溫暖, warmth, 11

wénjùhé, 文具盒, pencil box, 3

wénzhāng, 文章, to write articles, article, 8, 14

wúfǎrěnshòu, 無法忍受, cannot tolerate, 1

wújiākěguī, 無家可歸, homeless, 13

wújiākěguīzhě, 無家可歸者, homeless person, 1

wúlùn, 無論, no matter, 15

wúqióngwújìn, 無窮無盡, endless, 11

wúrén, 無人, 沒有人, 11

wúsuǒbúzài, 無所不在, omnipresent, 8

wúsuǒbùbāo, 無所不包, all-encompassing, 3

wǔqì, 武器, arms, weapons, 4, 10

wùjiàzhǐshù, 物價指數, price index, 2

wùzhì, 物質, material, 15

# X

Xībānyá, 西班牙, Hispanic; Spanish, 12

xīdú, 吸毒, to do drugs, 1, 4, 11

Xīlà, 希臘, Greek, Greece, 7, 10

xīshí, 吸食, to take in; to suck, 11

xiàcéng, 下層, lower level; lower social stratum, 2

xiàjiàng, 下降, to decline, 7, 14

xiányí, 嫌疑, suspicion, 2

xiǎnrán, 顯然, obviously, obvious, 4, 10, 12

xiǎnshìchū, 顯示出, to manifest, 13

xiànbǐng, 餡餅, pie; pizza (here), 2

xiàndài, 現代, modern, 5

xiàndàihuà, 現代化, modernization, 9

xiànfǎ, 憲法, constitution, 8

xiànkuàng, 現況, present condition, 8

xiànrù, 陷入, to be stuck in, 1, 2, 12

xiànshí, 現實, reality, 8, 11

xiànxiàng, 現象, phenomenon, 1, 2, 3, 10, 12, 15

xiànzhuàng, 現狀, present situation, 7

xiāngdāng, 相當, fairly, rather, 2, 8

xiāngdāngyú, 相當於, to be equal to, 8

xiānghùzhījiān, 相互之間, each other, 15

xiāngyān, 香煙, cigarette, 3

xiǎngshòu, 享受, pleasure and comfort, to enjoy, 3, 5, 6

xiǎngxiàng, 想像, to imagine, 14, 15

xiǎngyǒu, 享有, to have, to enjoy, 8

xiàng, 項, AN for itemized things, 2, 9

xiàng, 向, to; towards, 3

xiàngwǎng, 嚮往, to yearn for, 15

xiàngyátǎ, 象牙塔, ivory tower, 6

xiāochú, 消除, to eliminate, 8

xiāofèizhě, 消費者, consumer, 3

xiāoxi, 消息, news, 10

xiǎochéngxiāngwénhuà, 小城鄉文化, small town mentality, 14

xiǎoxiàng, 小巷, small street, lane; alley, 13

xiàoyuán, 校園, campus, 6

xiéqiāng, 攜槍, to carry guns, 4

Xīnhuáshè, 新華社, The China News Agency, 4

xīnshēng, 新生, newborn; new life, 13

xīnwénshìyè, 新聞事業, the news undertaking, 15

xīnwénzìyóu, 新聞自由, freedom of the press, 10

xīnxū, 心虛, to have a guilty conscience, 13

xīnxīng, 新興, newly-developed, rising, 5

xìnxī, 信息, news, information, 10

xíngchéng, 形成, to form, 7

xíngmǎn, 刑滿, the completion of a sentence, 13

xíngshì, 形勢, situation, 8

xíngwéi, 行為, act, action;behavior, 6

xíngzhèngrényuán, 行政人員, administrative personnel, 12

xíngzǒu, 行走, to walk, 13

xìng, ...性, characteristics, 10

xìnggōngjī, 性攻擊, sexual attack, 4

xiōngcán, 兇殘, fierce and cruel, 13

xiōngqì, 兇器, lethal weapons, 4

xiōngshā, 兇殺, homicide, 4

xiōngshāàn, 兇殺案, a case of murder, 14

xūyào, 需要, needs, 3

xùshù, 敘述, to narrate, 1

xuānchuán, 宣傳, propaganda, 10, 15

xuǎn, 選, to select, 15

xuǎnjǔ, 選舉, to vote, 8

xuéfèi, 學費, tuition, 8

xuélíngértóng, 學齡兒童, school-aged children, 8

xuéshù, 學術, academic, 5

xúnluó, 巡邏, to go on patrol, 4

xúnqiú, 尋求, to look for, 11

xúnzhǎo, 尋找, to look for, 12

xùnsù, 迅速, rapidly, 12

# Y

yā, 壓, to weigh upon; to press down, 8

yālì, 壓力 , pressure, 9
yàduàn, 軋斷 , to break by running over, 2
Yàtèlándà, 亞特蘭大 , Atlanta, 6
yǎn'gài, 掩蓋 , to cover up, 8
yánjiū, 研究 , research, 1
yánlì, 嚴厲 , severely, 5, 9
yánlìchéngfá, 嚴厲懲罰 , to punish severely, 4
yánzhe, 沿著 , along, 9
yánzhòng, 嚴重 , serious, 3, 4, 5, 11, 12, 15
yǎnghuó, 養活 , to support; to feed, 9
yèwǎn, 夜晚 , night, 6
yīfǎ, 依法 , according to law, 2
Yīlākè, 伊拉克 , Iraq, 10
yīshíde, 一時的 , momentary, 11
yímín, 移民 , immigrant, 2, 7
yíqiè, 一切 , all, 10
yíwàng, 遺忘 , to forget, 8
yíxiàng, 一向 , always, 9
yǐjí, 以及 , 跟，和 , 5
yǐmiǎn, 以免 , so as not to, 12
... yǐshàng, ...以上... , over ..., 13
yǐ ... wéilì, 以...為例 , to take ... as an example, 14
yǐ ... wéiyóu, 以...為由 , to take ... as a reason, 9
yǐ ... wéizhǔ, 以...為主 , to take .. as a dominant factor, 7
Yǐsèliè, 以色列 , Israel, 10
yì, -裔 , descendants, 6
yì, 億 , 100 million, 13
yìbān, 一般 , generally, 2
yìjiàn, 意見 , opinion, 15
yìjīng, 一經 , as soon as; once, 4
yìshìxíngtài, 意識形態 , ideology, 15
yìwúsuǒyǒu, 一無所有 , to have nothing in the world, 13
yìzhí, 一直 , all along, always, 8
yìzhì, 意志 , will (power), 11
yīncǐ, 因此 , thus, therefore, 3, 10
yǐn, 飲 , to drink, 11
yǐndǎo, 引導 , to lead; to guide, 3
yǐnfā, 引發 , to initiate, 6
yǐnqǐ, 引起 , to arouse, 6; to be the result of; result from, 14
yìn, 印 , to print, 3
yìnxiàng, 印象 , impression, 5
yīngér, 嬰兒 , infant, 8
yìng ... yāoqiú, 應...要求 , at the request of, 1
yǐngpiān, 影片 , movie, 3
yōngyǒu, 擁有 , to have, 8, 13
yǒngrù, 湧入 , to swarm in, 8
yǒngwúníngrì, 永無寧日 , no peace forever, 13
yōulíng, 幽靈 , ghost, 6
yōuyú, 優於 , better than, 13
yōuyù, 優裕 , affluence, 15
yóu, 遊 , to travel, to tour, 13
Yóutài, 猶太 , Jewish, 6
yóuyú, 由於 , because, 4

yǒuguān, 有關 , related, 6, 10
yǒuhǎo, 友好 , friendly, 15
yǒujìhuàde, 有計劃地 , in a planned way; deliberately, 15
yǒumùdìde, 有目的地 , purposely, 15
yǒuyìde, 有意地 , intentionally, 15
yǒuzēngwújiǎn, 有增無減 , increasing, 4
yúchǔn, 愚蠢 , stupid, 15
yúshì, 於是 , consequently, 3, 8, 11
yù, 愈 , more, 14
yùwàng, 慾望 , desire, 3
yuánlái, 原來 , original, 7
yuányīn, 原因 , reason, 15
yuánzhù, 援助 , assistance, 9
yuǎnyuǎnbùnéng, 遠遠不能 , to be far from, 8
yuǎnyuǎnbùzhǐ, 遠遠不止 , far more than, 1
yǔnxǔ, 允許 , to permit; to allow, 2
yùndòngxié, 運動鞋 , sneakers, 3
yùndòngyuán, 運動員 , sportsman, 8

## Z

zázhì, 雜誌 , magazine, 10
zāinàn, 災難 , disaster, 12
zàixiào, 在校 , in school, 11
zàiyāfàn, 在押犯 , prisoner, criminal in custody, 13
zàiyú, 在於 , (of problems) to be; to lie in, 13
zànyáng, 讚揚 , to praise, 9
zāodào, 遭到 , to meet with , 1, 4
zàochéng, 造成 , to bring about, 8, 10, 11
zé, 則 , 就 , therefore, 7, 8
zēngduō, 增多 , increase, 4
zēngjia, 增加 , to increase, 5, 6, 14
zēngzhǎng, 增長 , to increase, 9
zhàdàn, 炸彈 , bomb, 10
zhǎi, 窄 , narrow, 8
zhàn, 佔 , to amount to; to make up, 7, 11
zhànkuàng, 戰況 , the progress of a battle, 10
zhànyǒuyù, 佔有慾 , desire for possession, 11
zhànzhēng, 戰爭 , war, 10
zhǎngdào, 長到 , to grow up to, 5
zhāopái, 招牌 , signboard, 8
zhàogù, 照顧 , care, 6, 11
zhàokàn, 照看 , to look after, 11
zhènjìngjì, 鎮靜劑 , sedative; tranquilizer, 11
zhéngtiān, 整天 , 一天到晚 all the time, 3
zhěngzhěng, 整整 , fully , 14
zhèng, 正 , exactly, just, 10
zhèngcè, 政策 , policy, 9
zhèngcháng, 正常 , normal, 5
zhèngfǔ, 政府 , government, 3, 5, 9, 15
zhèngqián, 掙錢 , to earn money, 8
zhèngquè, 正確 , correct, 9
zhī, 之 , (literary) 的 , 13
zhījiǎyóu, 指甲油 , nail polish, 6
zhīqián, ...之前 , ...以前 , 5
zhīshìfènzǐ, 知識份子 , intellectual, 15

244